Möge der Stern für dich leuchten

Weihnachtliche Worte und Weisen

Möge der Stern für dich leuchten

Weihnachtliche Worte und Weisen

HERDER

FREIBURG · BASEL · WIEN

Weihnachtssonderband 2005

Herausgegeben von Ulrich Sander

Beiträge

Heinz Josef Algermissen
Adalbert L. Balling
Papst Benedikt XVI.
Leonardo Boff
Heinrich Bone
Dietrich Bonhoeffer
Phil Bosmans
Guido Maria Dreves
Annette von Droste-Hülshoff
Frère Roger, Taizé
Paul Gerhardt
Anselm Grün
Rainer Haak
Wolfgang Huber
Indianische Überlieferung
Irische Überlieferung
Papst Johannes Paul II.
Franz Kamphaus
Margot Käßmann
Anthony de Mello
Henri Nouwen
Huub Oosterhuis
Maria Otto
Karl Rahner
Carl Riedel
Anton Rotzetter
Andrea Schwarz
Dorothee Sölle
Christa Spilling-Nöker
Siegbert Stehmann
Pierre Stutz
Ludwig Thoma
Joachim Wanke
und
Die Bibel

Vorwort

Worin liegt der Zauber der Weihnacht? Alle Jahre wieder feiern wir Weihnachten. Und keine vertraute Gewohnheit, keine Anstrengung der Vorbereitung vermag, Weihnachten sein Geheimnis zu nehmen. Jedes Jahr von neuem berührt der „Stern, der nie zuvor erschienen war“ (Elisabeth von Thüringen) unser Herz.

Weihnachten spricht eine tief verwurzelte Sehnsucht an: die Sehnsucht, dass es einen neuen Anfang geben möge, der nicht verstrickt ist in Bitterkeit und Gewalt. Und dass auch wir all das, was uns das Leben schwer und feindlich macht, ablegen und von neuem beginnen dürfen. Solange diese Sehnsucht lebendig ist, so lange lässt der Stern von Betlehem sich finden.

Die Worte und Weisen dieses Bandes möchten dazu beitragen, dieser Sehnsucht in sich Raum zu schaffen und die Botschaft von Weihnachten zum Klingen zu bringen. Es ist ein reich gedeckter Gabentisch geworden: Gedichte, Geschichten und Betrachtungen bewährter spiritueller Autorinnen und Autoren, biblische Worte, Segenswünsche der irischen Überlieferung und beliebte weihnachtliche Weisen, die mit Notensatz zum Abdruck kommen. Von der adventlichen Zeit der Erwartung (erstes Kapitel) spannt sich der Bogen über die Urbilder von Weihnachten – die heilige Nacht, das göttliche Kind, die Hirten, Engel und Könige (zweites bis sechstes Kapitel) – bis zur Schwelle des neuen Jahres (siebtes Kapitel).

„Wäre jede Nacht im Leben eine Weihnacht, erhellt von innerem Licht … !“ (Frère Roger, Taizé). Gewiss kann nicht immer Weihnachten sein, aber in der Geburt Jesu Christi geht es um ein Licht, das in unser ganzes Leben weiterstrahlen kann. Von dieser Leuchtspur des Weihnachtssterns in unserem Leben sprechen die Autorinnen und Autoren dieses Buches, Frauen und Männer, Katholiken und Protestanten, je auf ihre Weise.

Die Advents- und Weihnachtstage sind eine kostbare Zeit. Mit den Worten und Weisen dieses Bandes wünschen wir Ihnen, dass diese Tage für Sie zu einem Geschenk werden. „Jedes Herz kann eine Krippe sein, worin die Liebe geboren wird" (Phil Bosmans). Möge der Stern von Weihnachten für Sie leuchten und Sie ins neue Jahr begleiten!

Ulrich Sander

Inhalt

6 *Wir haben seinen Stern gesehen*

7 *Segen für das neue Jahr*

Stern-Stunde

Am
Heiligen
Abend gingen wir
in die Kirche. Als ich fünf oder
sechs Jahre alt war, wohnten wir in einem Bergdorf und mussten durch
den Schnee laufen. Weil ich der Jüngste war, hielt mich
mein Vater an der Hand. Meine Mutter, mein
Bruder und meine sieben Schwestern
gingen hinter uns. Mein Vater zeigte mir am klaren
Himmel den Stern, den schon die Weisen gesehen hatten.
Jene Augenblicke kommen mir in den Sinn, wenn ich lese, was der
Apostel Petrus schreibt: „Schaut auf Christus, wie ein Stern, der in der
Nacht scheint, bis die Morgenröte
aufgeht und der Tag
anbricht in euren
Herzen."

Frère Roger, Taizé
(1915–2005)

1

Eine Zeit voll Erwartung

Maria durch ein Dornwald ging

Maria durch ein Dornwald ging, Kyrie eleison,
Maria durch ein Dornwald ging,
der hat in sieben Jahrn kein Laub getragen.
Jesus und Maria.

Was trug Maria unter ihrem Herzen? Kyrie eleison.
Ein kleines Kindlein ohne Schmerzen,
das trug Maria unter ihrem Herzen.
Jesus und Maria.

Da haben die Dornen Rosen getragen, Kyrie eleison,
als das Kindlein durch den Wald getragen,
da haben die Dornen Rosen getragen.
Jesus und Maria.

Weise aus dem Eichsfeld
Worte nach Harthausen, Geistliche Volkslieder (1850)

Ein Stern geht auf

Das Volk, das im Finstern wandelt,
schaut ein großes Licht;
über denen, die im Land der Dunkelheit wohnen,
erstrahlt ein Licht.

Adventsbotschaft der Bibel
Jesaja 9, 1

Kerzensegen

Möge das Licht des Advents
unsere Herzen erhellen,
damit wir unserem Leben
eine segensreiche Richtung geben
und die Zukunft uns
mit heilvollen Schritten
entgegeneilt.

Christa Spilling-Nöker

Der Weg des Wartens

Henri Nouwen

In unserem persönlichen Leben ist das Warten nicht besonders beliebt. In unserer besonderen geschichtlichen Situation ist das Warten noch schwieriger, weil wir so große Angst haben. Wir alle haben Angst – vor anderen Menschen, vor verborgenen, bedrängenden Gefühlen und auch vor einer unbekannten Zukunft. Und deshalb fällt es uns so schwer, zu warten, denn die Angst drängt uns, von da wegzukommen, wo wir sind. Und wenn wir feststellen müssen, dass wir nicht weglaufen können, entschließen wir uns vielleicht, zu kämpfen. Unsere Angst, dass man uns etwas antun könnte, führt zu vielen zerstörerischen Handlungen.

Es beeindruckt mich, wenn ich auf den ersten Seiten des Lukasevangeliums lese, dass alle Menschen, die uns hier begegnen, warten. Zacharias und Elisabet warten. Maria wartet. Simeon und Hanna, die im Tempel waren, als Jesus hereingebracht wurde, warten. Die ganze Eröffnungsszene des Evangeliums ist voll von wartenden Menschen. Und von Anfang an hören sie alle auf die eine oder andere Weise die Worte: „Habt keine Angst! Ich habe euch etwas Gutes zu sagen."

Jedem von denen, die da warteten, war eine Verheißung geschenkt worden, die ihm Mut gab und es ihm ermöglichte, zu warten. Sie hatten etwas empfangen, was dann in ihnen weiterwirkte, eine Saat, die begonnen hatte, aufzugehen und zu wachsen.

Die meisten von uns betrachten Warten als etwas sehr Passives, als einen Zustand der Hoffnungslosigkeit, der durch Ereignisse bestimmt wird, auf die wir keinen Einfluss haben. Im Warten, von dem die Bibel erzählt, gibt es diese Passivität jedoch nicht. Diejenigen, die warten, tun das sehr aktiv. Sie wissen, dass das, worauf sie warten, aus dem Boden wächst, auf dem sie stehen. Und das ist eines der Geheimnisse des Wartens: Wenn wir überzeugt sind, dass eine Saat ausgebracht worden ist und dass bereits etwas begonnen hat, verändert das die Art, wie wir warten. Aktives Warten bedeutet, dass wir voll für den Augenblick da sind, in der Überzeugung, dass dort, wo wir sind, etwas geschieht und dass wir dabei sein wollen. Wer wartet, ist ganz für den Augenblick da und glaubt, dass gerade *dieser* Augenblick der entscheidende ist.

Zacharias, Elisabet, Maria, Simeon und Hanna waren für den Augenblick da. Und deshalb konnten sie den Engel hören. Sie waren wachsam, sie achteten auf die Stimme, die zu ihnen sprach: „Habt keine Angst! Mit euch geschieht etwas. Achtet darauf!"

Ein großer Teil unseres Wartens ist von Wünschen erfüllt. Dass es uns so schwer fällt, zu warten, liegt nicht zuletzt daran, dass wir etwas wollen, damit das, wonach wir verlangen, eintritt und unsere Wünsche erfüllt werden. Hier erkennen wir, dass unsere Wünsche im Allgemeinen im Zusammenhang mit unseren Ängsten stehen, und die Angst verhindert, dass wir in unserem Leben einem Warten mit offenem Ende Zeit einräumen.

Zacharias, Elisabet, Maria, Simeon und Hanna waren nicht voll von Wünschen, sondern erfüllt von Hoffnung, und ihre Hoffnung war etwas ganz anderes: das Vertrauen darauf, dass die Erfüllung kommen würde, aber als Erfüllung der Verheißungen Gottes, nicht einfach ihrer Wünsche. Mit Offenheit und Vertrauen zu warten ist eine ungeheuer radikale Lebenseinstellung. Sie bedeutet, sich für die Hoffnung zu entscheiden, dass etwas für uns geschieht, was unsere Vorstellung weit übersteigt.

Keiner wartet vergebens

Und ich sage dir: Warten liegt mir nicht,
Wartezimmer sind mir verhasst,
ich warte nicht gern auf den Zug,
warte nicht gern mit Urteilen,
warte nicht gern auf den rechten Moment zum Handeln.
Ganz einfach: Ich habe keine Zeit.
Alles ist so eingerichtet,
das Warten zu vermeiden:
die Selbstbedienung, die Automaten,
der Telefonanruf, E-Mail und Internet,
die Passfotos zum Mitnehmen,
Telex und Handrechner.
Ich habe es nicht nötig, auf Nachrichten zu warten,
sie kommen mir zuvor.

Doch du, Gott, machst aus dem Warten
den Raum der Umkehr,
das Anschaun des Verborgenen,
die Wachsamkeit der innersten Sehnsucht.
Denn nur die Erwartung macht gewärtig,
nur sie ist fähig der Liebe.

Drum ist schon alles gegeben
im Advent,
in der dunklen Zeit.
Keiner wartet vergebens.

Maria Otto

Der Mensch ist ein Wartender

BENEDIKT XVI.

Der Mensch ist in seinem Leben ein Wartender. Als Kind will er erwachsen werden, als Erwachsener will er vorwärts kommen und erfolgreich sein; schließlich sehnt er sich nach Ruhe, und endlich kommt die Zeit, wo er entdeckt, dass er zu wenig gehofft hat, wenn ihm über Beruf und Stellung hinaus nichts zu hoffen bleibt. Die Menschheit hat nie aufhören können, auf bessere Zeiten zu hoffen; die Christenheit hofft darauf, dass durch die ganze Geschichte der Herr hindurchgeht und dass er einmal all unsere Tränen und Mühsale aufsammeln wird, so dass alles seine Erklärung und seine Erfüllung findet in *Seinem* Reich.

Dass der Mensch ein Wartender ist, wird nie so deutlich wie in den Tagen der Krankheit. Jeden Tag warten wir auf ein Zeichen der Besserung und schließlich auf die volle Genesung. Aber zugleich entdecken wir dabei, dass es sehr verschiedene Weisen des Wartens gibt.

Wenn die Zeit nicht selber mit einer sinnvollen Gegenwart angefüllt ist, wird das Warten unerträglich. Wenn wir nur auf etwas ausschauen müssen und jetzt gar nichts da ist, wenn die Gegenwart völlig leer bleibt, dann ist jede Sekunde lang. Und ebenso ist Warten eine allzu schwere Last, wenn ganz ungewiss bleibt, ob wir überhaupt etwas erwarten dürfen. Wenn aber die Zeit sinnvoll ist, wenn in jedem Augenblick etwas Eigenes und Wertvolles beschlossen liegt, dann macht die Vorfreude auf Größeres, das kommt, auch das schon Gegenwärtige noch kostbarer und trägt uns wie mit einer unsichtbaren Kraft über die Augenblicke hinweg. Gerade zu dieser Art von Warten aber will uns der christliche Advent verhelfen; es ist die eigentlich christliche Form des Wartens und des Hoffens.

Zeit des Wünschens

Andrea Schwarz

Advent ist eine Zeit des Wünschens, eine Zeit, in der man Wünsche haben und sie auch äußern darf. Das haben wir schon als Kinder gelernt – und es begleitet uns auch noch heute. Richtig wünschen zu können aber ist eine Kunst, die wir Erwachsenen oft verlernt haben. Und es würde sich lohnen, hier wieder einmal bei den Kindern in die Lehre zu gehen. Die können das noch: kraftvoll wünschen und sehnsüchtig hoffen, dass der Wunsch in Erfüllung geht …

Sich etwas zu wünschen, das ist mehr als nur etwas zu benennen, was ich geschenkt bekommen möchte, das ist mehr als ein momentanes Bedürfnis zu stillen. Kraftvolle Wünsche kommen aus der Tiefe und entspringen einer Sehnsucht, die zugleich das Bild einer anderen Wirklichkeit zeigt.

Wenn ich solche Wünsche bei mir entdecken will, dann muss ich zunächst einmal auf mein Leben genauer hinschauen. Da gibt es Dunkelheiten, da sind Tränen und Leere, da ist Gebrochenheit, nicht gelebtes Leben. Indem ich mich diesen Dunkelheiten stelle, kann mir bewusst werden, unter welchem Mangel ich eigentlich leide: ein Mangel an Beziehung und Freundschaft, ein Mangel an Sinnerfüllung, ein Mangel an Möglichkeiten, mir selbst zu begegnen, ein Mangel an Gott, ein Mangel an Lebendigkeit. Aus einem solchen Ahnen oder Wissen um das Dunkle in mir wird dann die Sehnsucht wachsen, eine tiefe Sehnsucht, die mich unruhig macht und umhertreibt. Ich habe Sehnsucht, ja ich bin Sehnsucht – das ist Wünschen.

Meine Sehnsucht malt Bilder einer anderen Wirklichkeit. Ich stelle mir vor, wie es denn besser, schöner, lebendiger sein könnte – und bringe dies durch meinen Wunsch in

Worte. Jeder Wunsch erzählt damit gleichzeitig vom Dunkel in mir, von der daraus erwachenden Sehnsucht und von einer anderen Wirklichkeit – und in dieser Spannung zwischen Realität und Vision kann das Leben wachsen.

Solche Wünsche sind kraftvoll, sie erzeugen in mir selbst Energie, weil sie sozusagen mit „Sehnsucht aufgeladen" sind. Sie wirken auf mich selbst zurück, weil ich mich meinem Dunkel stelle, mich mit der Realität allein nicht abfinden kann. Bereits das verändert mich.

In mir selbst entsteht dann ein Bild einer anderen Wirklichkeit. Ein solches Bild kann mir dabei helfen, die eignen Schritte an diesem Ziel auszurichten – ich ahne, wo ich hin möchte, und deshalb lässt sich beurteilen, ob ein bestimmter Schritt, eine Handlung, eine Entscheidung zielfördernd oder zielhemmend ist. Wünsche, die einer tiefen Sehnsucht entspringen, tragen Kraft in sich …

Advent ist die Zeit des Wünschens. Es ist eine Zeit, mich auf mich selbst zurückzubesinnen, Einkehr bei mir zu halten. Statt vorschnell Lichter anzuzünden, wäre es jetzt eher an der Zeit, sich den Dunkelheiten zu stellen und sie anzunehmen und auszuhalten. Dann kann daraus die Sehnsucht wachsen, die Sehnsucht nach einer anderen und besseren Welt. Eine solch tiefe Sehnsucht aber wird mich selbst nicht unberührt lassen, sie wird mich umtreiben, unruhig machen, bis ich selbst den Aufbruch wage, einen Aufbruch in das Ungewisse hinein, nur einen Stern vor Augen, eine Verheißung in den Ohren – das ist Advent.

Was soll ich mir wünschen?

Anthony de Mello

Eine Geschichte erzählt von einem Mann, der Gott ständig mit allen möglichen Bitten in den Ohren lag. Eines Tages sah Gott diesen Mann und sprach zu ihm: „Jetzt reicht's mir. Drei Bitten, und keine einzige mehr. Drei Wünsche werde ich dir erfüllen, und dann ist Schluss. Los, sage mir deine drei Wünsche!"

Der Mann war begeistert und sagte: „Ich darf mir wirklich alles wünschen, was ich will?"

Und Gott erwiderte: „Ja, drei Bitten, und keine einzige mehr."

Also begann der Mann: „Herr, du weißt, dass es mir peinlich ist, aber ich würde gern meine Frau loswerden, denn sie ist dumm und immer … Herr, du weißt schon. Es ist nicht mehr zu ertragen! Ich kann einfach nicht mehr mit ihr leben. Kannst du mich von ihr befreien?"

„In Ordnung", sagte Gott, „dein Wunsch ist schon erfüllt."

Und seine Frau starb. Bald aber befielen den Mann Schuldgefühle, dass er sich so erleichtert fühlte. Dennoch war er glücklich und erleichtert und dachte sich: „Ich werde eine schönere Frau heiraten."

Als die Eltern und Freunde zum Begräbnis kamen und für die Verstorbene beteten, kam der Mann plötzlich zu sich und rief aus: „Mein Gott, was hatte ich für eine großartige Frau und wusste es nicht zu schätzen, als sie noch lebte."

Daraufhin ging es ihm sehr schlecht. Wieder suchte er Gott auf und bat Ihn: „Herr, bringe sie wieder zum Leben."

Gott erwiderte: „In Ordnung, dein zweiter Wunsch sei dir erfüllt."

So blieb ihm nur noch ein Wunsch. Er dachte sich:

„Was soll ich mir nur wünschen?“, und holte sich bei seinen Freunden Rat.

Die einen meinten: „Wünsche dir Geld. Hast du Geld, kannst du dir alles kaufen, was du willst.“

Andere hingegen meinten: „Was nutzt dir alles Geld, wenn du nicht gesund bist?“

Wieder andere gaben zu bedenken: „Was nutzt dir alle Gesundheit, wenn du doch eines Tages stirbst. Wünsche dir Unsterblichkeit!“

So wusste der Arme bald noch weniger, was er wollte, denn schließlich sagte ihm jemand: „Was nützt dir Unsterblichkeit, wenn du niemanden hast, den du lieben kannst? Wünsche dir Liebe.“

Der Mann dachte nach und dachte nach ... und konnte sich beim besten Willen nicht entscheiden. Er wusste einfach nicht, worum er bitten sollte. Es vergingen fünf Jahre, zehn Jahre, bis ihn eines Tages Gott erinnerte: „Wann sagst du mir deinen dritten Wunsch?“

Der Ärmste sagte: „Herr, ich bin völlig durcheinander. Ich weiß überhaupt nicht, was ich mir wünschen soll! Kannst du mir nicht sagen, was ich mir wünschen soll?“

Da musste Gott lachen und sprach: „Also gut, dann werde ich es dir sagen: Wünsche dir, glücklich zu sein, was dir auch immer geschehen mag. Darin liegt das Geheimnis!“

Spuren des Lichts

Anselm Grün

In der Adventszeit hören wir die Verheißungen Gottes, wie sie uns die Propheten überliefert haben. Da wird uns verkündet, dass mitten in der Wüste Wasser aufbrechen, dass die Schwerter zu Pflugscharen umgeschmiedet werden und der Wolf und das Lamm, der Panther und die Ziege friedlich beisammen wohnen werden.

Das sind keine frommen Illusionen, mit denen uns die Propheten einlullen wollen. Es sind vielmehr Träume, in denen wir unsere eigenen Möglichkeiten entdecken. Es sind die Träume Gottes von uns. Und wir träumen uns im Advent in Gottes Träume von uns hinein, um unsere eigenen Möglichkeiten mehr und mehr zuzulassen …

Wenn Gott kommt, dann wird die Wüste in unserem Herzen erblühen, dann wird mitten in unserer Leere und in unserer Dürre ein Quell aufbrechen und uns lebendig machen. … Die blühende Wüste und der befruchtende Tau waren für Israel die Bilder, mit denen es das Kommen Gottes beschrieben hat. In unseren Breiten wurden mehr die Dunkelheit und die Kälte zu Symbolen unserer Welt, die auf das Kommen des Herrn wartet. In der Dunkelheit können wir uns nicht mehr orientieren, fühlen uns hilflos, allein gelassen. Wir finden keinen Weg nach Hause … So ist es eine befreiende Botschaft, wenn uns Jesaja zuruft: Das Volk, das da wandelt im Dunkeln, es sieht ein großes Licht (vgl. Jesaja 9,1). Dieses Wort kann unsere Angst beruhigen, es kann uns Licht bringen in unsere Dunkelheit.

Der Traum Gottes

PHIL BOSMANS

Sich auf Weihnachten vorbereiten heißt: in Stille und Nachdenklichkeit eintreten in den Traum Gottes. Gott träumte von einer Erde, als sie noch ein Paradies war, von der Zeit, bevor Kain seinen Bruder Abel erschlug. Gott träumte, dass Menschen nicht mehr einander abstoßen und abschieben, dass sie sich nicht mehr gegenseitig quälen und abschlachten oder verhungern lassen.

Gott träumte von einer Welt, in der Menschen wie wahre Geschwister leben: miteinander, eine große Familie, keine Armen und Unterdrückten mehr, keine Verfolgten und keine Flüchtlinge mehr, keine Einsamen mehr.

Der Traum Gottes war ein phantastischer Traum, aber er wurde von Menschen zerschlagen. Und dennoch hat Gott in jedes Menschenherz das Heimweh nach dem verlorenen Paradies gelegt, das Heimweh nach etwas Glück auf Erden. Ja, er kommt selbst auf die Erde, um seinen Traum zu verwirklichen und das Antlitz seiner Schöpfung zu erneuern.

Ich sehne mich

Gott
ich sehne mich

Dass jeder Kreis sich rundet
und jeder Halt gewährt

Dass alle Knospen springen
und jeder Keim begossen

Dass jeder Boden trägt
und jeder Stein gehütet

Dass alle Worte leben
und jeder Sinn erkannt

Dass jedes Herz sich weitet
und jeder Durst gestillt

Dass Zärtlichkeit sich findet
und Innigkeit erlebt

Dass alle Lahmen tanzen
und jeder Tod vernichtet

Dass jede Tür sich öffnet
und jeder Weg gesehn

Dass jeder Krampf sich löst
und jeder Streit getötet

Dass alle Mauern fallen
und jede Kluft gefüllt

Dass alle Himmel triefen
und jede Gnad gewährt

Dass jede Nacht sich lichtet
und der Advent erfüllt

Dass Du Dich endlich zeigest
und jeder Mensch befreit

Gott
ich sehne mich nach Dir

Anton Rotzetter

2

In dieser seligen Nacht

O selige Nacht

O selige Nacht! In himmlischer Pracht
erscheint auf der Weide ein Bote der Freude
den Hirten, die nächtlich die Herde bewacht.

Wie tröstlich er spricht: O fürchtet euch nicht!
Ihr waret verloren, heut ist euch geboren
der Heiland, der allen das Leben verspricht.

Seht Betlehem dort den glücklichen Ort!
Da werdet ihr finden, was wir euch verkünden,
das sehnlich erwartete göttliche Wort.

Münsterländer Hirtenweise
Worte von Christoph Bernhard Verspoel (1743–1818)

Zu Betlehem geboren

In jenen Tagen erging ein Erlass des Kaiser Augustus, den ganzen Erdkreis in Steuerlisten einzutragen. Diese Aufzeichnung war die erste und geschah, als Quirinius Statthalter von Syrien war. Alle gingen hin, sich eintragen zu lassen, ein jeder in seine Stadt. Auch Josef zog von der Stadt Nazaret in Galiläa hinauf nach Judäa in die Stadt Davids, die Betlehem heißt. Denn er war aus dem Haus und Geschlecht Davids. Er wollte sich mit Maria eintragen lassen, seiner Verlobten, die schwanger war. Während sie dort waren, kam für Maria die Zeit ihrer Niederkunft, und sie gebar ihren Sohn, den Erstgeborenen, wickelte ihn in Windeln und legte ihn in eine Krippe, weil in der Herberge für sie kein Platz war.

Weihnachtsbotschaft der Bibel
Lukasevangelium 2,1–7

Irischer Weihnachtssegen

Möge in dieser heiligen Nacht
der Friede dein erster Gast sein,
und möge das Licht der Weihnachtskerzen
dem Glück den Weg weisen
zu deinem Haus.

Der geistliche Sinn der Weihnachtsbräuche

Benedikt XVI.

Fast alle diese Bräuche haben ihre Wurzeln in Worten der Heiligen Schrift, die die Kirche in dieser Zeit als Gebetsworte gebraucht; das gläubige Volk hat hier die Schrift gleichsam ins Sichtbare übersetzt.

Da steht zum Beispiel im Psalm 95 das Wort: „Alle Bäume des Waldes werden jubeln vor dem Angesicht Gottes, denn er kommt." Die Liturgie hat das im Anschluss an andere Psalmworte ausgeweitet zu dem Satz: „Berge und Hügel werden lobsingen vor Gott, und alle Bäume des Waldes werden in die Hände klatschen, denn es kommt der Herr, der Herrscher zur ewigen Herrschaft."

Die geschmückten Bäume der Weihnachtszeit sind nichts anderes als der Versuch, dieses Wort schaubar zu machen: der Herr ist da – so glaubten und wussten es unsere Ahnen; also müssen die Bäume ihm entgegengehen, sich neigen vor ihm, Lobpreis werden auf ihren Herrn. Und aus derselben gläubigen Gewissheit heraus haben sie das Wort vom Singen der Berge und Hügel wahr gemacht, und dieses Singen der Berge, das sie angestimmt haben, tönt bis in unsere Zeit herein und lässt uns etwas ahnen von der Nähe des Herrn, die allein dem Menschen solche Töne schenken konnte.

Selbst ein scheinbar so äußerlicher Brauch wie das Weihnachtsgebäck hat seine Wurzeln in der Adventsliturgie der Kirche, die in diesen Tagen des sinkenden Jahres das herrliche Wort des Alten Testaments aufnimmt: „An jenem Tag werden die Berge Süßigkeit träufeln, und die Flüsse werden Milch und Honig führen." In solchen Worten hatten die Menschen damals den Inbegriff ihrer Hoffnungen auf eine erlöste Welt ausgedrückt. Und wiederum war es so, dass unsere Ahnen Weihnachten als den Tag begingen, an dem Gott wirklich gekommen ist. Wenn er in der Weihnacht kommt, teilt er gleichsam den Honig aus. Dann muss es wahr sein, dass die Erde davon fließt; wo er ist, da ist alle Bitterkeit verschwunden, da stimmen Himmel und Erde, Gott und Mensch überein, und der Honig, das Honiggebäck, ist Zeichen dieses Friedens, der Eintracht und der Freude.

So ist Weihnachten zum Fest des Schenkens geworden, an dem wir den Gott nachahmen, der sich selber geschenkt und uns damit das Leben noch einmal gegeben hat, das erst wirklich zur Gabe wird, wenn zur Milch der Existenz der Honig des Geliebtwerdens kommt, einer Liebe, die von keinem Tod, von keiner Untreue und von keiner Sinnlosigkeit bedroht ist.

All dies ist schließlich zusammengeströmt in der Freude darüber, dass Gott ein Kind geworden ist, das uns ermutigt, vertrauend zu sein, wie Kinder es sind, zu schenken und uns beschenken zu lassen.

Vielleicht fällt es uns schwer, diese Töne der Freude anzunehmen, wenn uns Fragen quälen, wenn Krankheit des Leibes und seelische Probleme uns gleichermaßen zusetzen und uns eher dazu drängen, gegen den unbegreiflichen Gott aufzubegehren. Aber das Zeichen der Hoffnung, das dieses Kind ist, ist gerade auch den Bedrängten gesetzt. Eben deswegen hat es ein so reines Echo zu wecken vermocht, dass seine tröstende Kraft auch noch den Ungläubigen ans Herz rührt.

Urbilder des Lebens

Margot Kässmann

Jedes Weihnachten sehen wir es neu vor uns, das Bild der Heiligen Familie: Josef, Maria und das Kind, wie in einen Kokon eingehüllt in ihre Beziehung zueinander. Ein Bild, das ganz tiefe Sehnsucht nach Geborgenheit weckt, die wohl alle Menschen kennen. Menschen, die alt sind, aber nicht allein sein wollen. Junge Menschen, die sich zwar nicht mehr in die vorgegebenen Formen der Eltern hineinpressen lassen wollen – aber irgendwo dazugehören, das ist wichtig. Erwachsene Menschen, mitten im Leben, denen Familie und Beruf vorgegebene Pflichtraster sind: Sie sollen sorgen für die anderen, aber wo sind Liebe, Geborgenheit, Zärtlichkeit abgeblieben im Alltag?

Auf einem Besuch in Simbabwe habe ich Krippendarstellungen gesehen, die ganz anders sind als bei uns: ein kleiner schwarzer Junge in einer afrikanischen Rundhütte mit einer afrikanischen Mama und einem hoch gewachsenen Jäger als Vater. Und ebenso gibt es Darstellungen der Heiligen Familie in Indien und in Bolivien, im Pazifik und in Russland. Die Geschichte, die uns Matthäus und Lukas erzählen, wurde zu allen Zeiten und an allen Orten verstanden. Eine Frau wird schwanger. Sie ist arm, ebenso der Mann an ihrer Seite, und unter demütigenden Bedingungen bekommen sie ein Kind. Liebe kommt zur Welt mit dieser Geburt. Viele Eltern dürfen das erleben: Da kommt ein schutzloses Wesen zur Welt, und mit ihm entsteht ein unbändiges Liebesgefühl. Wer es nicht erlebt hat, kann es erahnen: vollkommene Liebe, eine Liebe, die sich hingibt für andere.

Maria behütet das Kind, Josef schützt Mutter und Kind. Im Trubel der Zeit sind diese drei eine unzerstörbare Einheit. Vieles wartet auf sie an Herausforderungen in ihrem Leben, aber dieser Moment ist unwiederbringlich. Wenn Sie die Augen schließen, wie sehen Sie die drei vor sich? Wer von den dreien wären Sie gern? Ich möchte manchmal dieses Kind sein, geliebt, geborgen. Und dann wieder Maria, die vollkommen lieben, sich hingeben kann. Oder auch Josef, der nicht viel fragt, sondern handelt, zuverlässig zur Stelle ist. Urbilder des Lebens sind das …

Viele Jahre nach der Geburt Jesu wird der Apostel Paulus schreiben: „Nun aber bleiben Glaube, Hoffnung, Liebe, diese drei; aber die Liebe ist die größte unter ihnen" (1. Korinther 13). Die Liebe ist die größte, weil sie unser Leben übersteigt. Weil sie uns singen und tanzen und jubeln lässt. Weil sie uns träumen lässt. Wenn Gott die Menschen liebt, wie wird es dann aussehen eines Tages bei Gott? Dann wird unser Mund voll Lachen sein. Dann werden alle Tränen abgewischt und der Tod wird nicht mehr sein. Die Hoffnungsvisionen der Bibel, sie sind in der Liebe gegründet.

Und wenn ich nun keine Liebe finde in meinem Leben? Wenn ich mich allein oder schikaniert oder ungeliebt fühle? Wenn ich die vollkommene Liebe, die ich ersehne, nicht finde? Dann kann mir das Bild der Heiligen Familie sagen: So liebt mich Gott. So umfängt und umsorgt mich Gott. So sehr liebt mich Gott, dass sein Sohn aus Liebe sogar das eigene Leben hingibt. Deshalb kennt Gott auch die Schwachpunkte unseres Lebens, das, was nicht glänzt, auch nicht an Weihnachten. Dieses Kind in der Krippe hat uns davon erzählt, wie Gott uns je einzeln annimmt.

Gott hält die Zeit in Händen und wendet sich in Liebe den Menschen zu. So wie Maria und Josef sich dem Kind zuwenden, so wie das Kind sich später den Menschen zuwendet, denen es begegnet. Das ist die Kraft der Liebe und die Geschichte der Liebe, in die wir uns einreihen. Solche Liebe wird die Welt heller machen. Sie wird Licht in die Welt bringen, wie die Kerzen am Weihnachtsbaum uns vormachen.

Heilige Nacht

So war der Herr Jesus geboren
Im Stall bei der kalten Nacht.
Die Armen, die haben gefroren,
Den Reichen war's warm gemacht.

Sein Vater ist Schreiner gewesen,
Die Mutter war eine Magd.
Sie haben kein Geld nicht besessen,
Sie haben sich wohl geplagt.

Kein Wirt hat ins Haus sie genommen.
Sie waren von Herzen froh,
Dass sie noch in Stall sind gekommen.
Sie legten das Kind auf Stroh.

Die Engel haben gesungen,
Dass wohl ein Wunder geschehn.
Da kamen die Hirten gesprungen
Und haben es angesehn.

Die Hirten, die will es erbarmen,
Wie elend das Kindlein sei.
Es ist eine G'schicht für die Armen,
Kein Reicher war nicht dabei.

Ludwig Thoma

Weihnachten – heute erzählt

DOROTHEE SÖLLE

Es waren die letzten Tage vor der Geburt, und Maria ging von Amt zu Amt, Gebäude X, Zimmernummer XYZ, und dann längeres Warten auf den Beamten, der dann doch nicht zuständig ist, dann Papiere ausfüllen, auf denen immer erst Vater oder Ehemann steht und immer eine Unterschrift verlang wird, die Maria, ledig, wohnungssuchend, schwanger, arbeitslos, nicht leisten konnte … Irgendwann fingen dann die Wehen an, und sie schleppte sich in ein leerstehendes, abbruchreifes Haus; es war dunkel, ein Straßenköter hatte sich auch dahin verirrt und blieb bei ihr.

Wie das bei Erstgebärenden so geht, es dauerte lang. Maria hat sich erbrechen müssen auf der aufgequollenen und stinkenden Matratze, die da herumlag. Die ganze Nacht war Krach von der Autowerkstatt nebenan. Josef schlurfte herum, mürrisch und mitleidig zugleich. Eine Decke hatte er aufgetrieben und sogar einen Eimer lauwarmes Wasser, um das Kind zu waschen. Er hat für beide gesorgt, die ganze Zeit. Er war unruhig: mit einem Ohr horchte er, ob nicht der Besitzer des verlassenen Hauses käme oder die Polizei wegen Hausbesetzung.

Aber dann passierte stattdessen etwas sehr Schönes. Irgendwie hatte sich die Schwangerschaft des jungen Mädchens doch herumgesprochen, und ein paar Leute kamen vorbei, die die Sache mit der Arbeitserlaubnis und der Wohnberechtigung und mit der Angst vor Abschiebung ganz gut kannten. Sie schauten mal nach, wie's geht, und mitgebracht hatten auch alle etwas. Es waren mit einem Mal so viel da, dass man sie nicht einfach hinauswerfen konnte; plötzlich war der vergammelte Raum voller Leute und viel wärmer, hell wurde es, ein Feuer im Ofen angemacht, und Musik, Rock aus dem Taschenradio, das einer der Jungen mitgebracht hat, ging los. Leute, die vorübergingen, fragten: Ist das schon wieder eine Demonstration? Ja, für ein Baby, riefen die Demonstranten. Und die alleinstehende Mutter lachte und freute sich über den Köter und die vielen Freunde, manche leicht alkoholisiert, über die Musik und die Wärme, und vor allem über das Kind, das uneheliche, aber wen interessiert das schon, über das gesunde, das krähende Kind.

Gebet an Weihnachten

Herr Jesus,
wir betrachten dich in der Armut von Betlehem.
Mach uns zu Zeugen deiner Liebe,
der Liebe, die dich drängte,
dich deiner göttlichen Herrlichkeit zu entäußern,
um unter den Menschen geboren zu werden …
Lass das strahlende Licht dieser Nacht,
die heller ist als der Tag,
auf die Zukunft fallen,
und lenke die Schritte der Menschheit
auf den Weg des Friedens …

Johannes Paul II.

In der schwärzesten Nacht

Franz Kamphaus

Diese Nacht des 25. Dezembers ist eine besondere: eine der längsten, tiefsten Nächte des Jahres. Wintersonnenwende! Jetzt werden die Tage länger und die Nächte kürzer. Was bewegt die Christen, die Gottesgeburt in dieser Nacht zu feiern? Gott kommt – so bekennen wir – in der schwärzesten Nacht zur Welt. Er schaut nicht kurz bei Tageslicht herein, er sucht uns in der dunkelsten Nacht auf. Wäre er einer von uns, wenn er diesen Tiefpunkt gescheut hätte? „Das Licht leuchtet in der Finsternis." Wer ihn hier sucht, wer sich finden lässt, für den werden die Nächte kürzer. Die Mitte der Nacht ist der Anfang des Tages.

Weihnachten feiern heißt, sich der Nacht stellen. Christen reden sie nicht herbei, aber wir weichen ihr nicht aus. Würden wir sie abspalten und verdrängen, dann ist nicht mehr Weih*nacht*en. Wie die Nacht im Wort steckt, so steckt sie in uns, in ihrer ganzen Abgründigkeit …

Was machen wir mit den Nachtseiten unseres Lebens? Der Glaube wird oberflächlich, wenn wir sie ausblenden, gar aus Angst, wir könnten sie Gott nicht zumuten. Gerade in sie hinein ist er geboren, er ist in den Abgründen und Tiefenschichten anwesend. Darin zeigt sich die Stärke unseres Glaubens, dass er sich der Finsternis aussetzt: „Das Licht leuchtet in der Finsternis."

Sie haben vielleicht Krippenbilder alter Meister vor Augen. Der Stall in der Nacht wird nicht von außen durch Scheinwerfer angestrahlt, sondern von innen her erleuchtet, vom Kind in der Krippe. Mit ihm ist uns ein Licht aufgegangen. Mit Jesus ist uns das Licht aufgegangen. Ob wir die Fenster unserer Seele und unserer Welt offen halten, dass er uns einleuchtet?

Heilige Nacht

wenn ich malen könnte
würde ich ein kleines
schäbiges Haus malen

ganz klein
in ganz viel Weite
und mit ganz viel Verlorenheit

und mit ganz viel Dunkelheit drumherum
und der Sturm der dahinfegt
und die Kälte die zittern lässt

und die Hoffnungslosigkeit
und die Angst
und die Sorge

und dann würde ich
mitten in dieses kleine schäbige Haus
mit dem gelbesten Gelb einen Punkt setzen

und diesem Bild
würde ich dann den Titel

du

geben

Andrea Schwarz

Weihnachtsdank

Henri Nouwen

Jetzt ist wieder Weihnachten. Die Messe in der Nacht war festlich, mit viel Tannengrün, roten Kerzen und weiß gekleideten Ministranten. Die Kirche war voll bis auf den letzten Platz, die Lieder gingen zu Herzen …

Doch auf eine unerklärliche Weise wurde mir deutlich, dass Lieder, Musik, gute Gefühle, Festtafeln und viele liebe Worte noch kein Weihnachtsfest sind. Weihnachten heißt ja sagen zu etwas, das jenseits aller Gemütsregungen und Stimmungen liegt …

Die Welt ist nicht heil, und heute habe ich das an meiner eigenen Traurigkeit festgestellt. Aber in ebendiese gebrochene Welt hinein ist ein Kind geboren, das man Sohn des Höchsten, Friedensfürst und Heiland nennt. Ich schaue es an und bete: „Ich danke dir, Herr, dass du ohne Rücksicht auf meine Empfindungen und Gedanken gekommen bist. Dein Herz ist größer als das meine."

Der Weg nach Betlehem

Rainer Haak

Die Weihnachtsfreude, echt und tief, wird sich auch in diesem Jahr nicht von allein einstellen. Sie steht am Ende eines Weges. Es ist ein weiter Weg nach Betlehem.

Erst wenn ich dort ankomme, werde ich feststellen: Betlehem ist unendlich nah. Und dort an der Krippe werde ich Menschen begegnen, die wie ich den weitesten Weg der Welt gegangen sind: den Weg hinaus aus den eigenen Mauern.

An Weihnachten allein

DIETRICH BONHOEFFER

Brief aus dem Gefängnis von Heilig Abend 1943

Für die Euch nun bevorstehende Zeit der Trennung möchte ich Euch gern einiges sagen. Wie schwer uns eine solche Trennung fällt, davon braucht man garnicht erst zu sprechen. Aber da ich ja nun ¾ Jahr von allen Menschen, an denen ich hänge getrennt bin, habe ich einige Erfahrungen gemacht, die ich Euch schreiben möchte. [...] Zunächst: es gibt nichts, was uns die Abwesenheit eines lieben Menschen ersetzen kann und man soll das auch garnicht versuchen; man muß es einfach aushalten und durchhalten; das klingt zunächst sehr hart, aber es ist doch zugleich ein großer Trost; denn indem die Lücke wirklich unausgefüllt bleibt, bleibt man durch sie miteinander verbunden. Es ist verkehrt, wenn man sagt, Gott füllt die Lücke aus; er füllt sie garnicht aus, sondern er hält sie vielmehr gerade unausgefüllt und hilft uns dadurch, unsere echte Gemeinschaft – wenn auch unter Schmerzen – zu bewahren. Ferner: je schöner und voller die Erinnerungen, desto schwerer die Trennung. Aber die Dankbarkeit wandelt die Qual der Erinnerung in eine stille Freude. Man trägt das vergangene Schöne nicht wie einen Stachel, sondern wie ein kostbares Geschenk in sich. Man muß sich hüten, in den Erinnerungen zu wühlen, sich ihnen auszuliefern, wie man auch ein kostbares Geschenk nicht immerfort betrachtet, sondern nur zu besonderen Stunden und es sonst nur wie einen verborgenen Schatz, dessen man sich gewiß ist, besitzt; dann geht eine dauernde Freude und Kraft von dem Vergangenen aus.

Stille Nacht – Heilige Nacht

Stille Nacht
heilige Nacht –
achtsam warten
leer werden von Erwartungen
sich tief erfüllen lassen
vom verbindenden Lebensatem Gottes

Stille Nacht
heilige Nacht –
achtsam geschehen lassen
offen sein für das Entgegenkommen Gottes
im Dunkel meiner Zweifel
im aufmerksamen Mitfühlen mit allen Geschöpfen
im Staunen über den Sternenhimmel
im gastfreundlichen Teilen von Brot und Rosen

Stille Nacht
heilige Nacht –
einfach da sein
achtsam in Erwartung sein
damit alles sich ereignen kann
in der Menschwerdung Gottes heute

Pierre Stutz

3

Das göttliche Kind

Ich steh an deiner Krippe hier

Ich steh an deiner Krippe hier,
o Jesu, du mein Leben;
ich komme bring und schenke dir;
was du mir hast gegeben.
Nimm hin, es ist mein Geist und Sinn,
Herz, Seel und Mut, nimm alles hin
und lass dir's wohlgefallen.

Da ich noch nicht geboren war,
da bist du mir geboren
und hast dich mir zu eigen gar,
eh ich dich kannt erkoren.
Eh ich durch deine Hand gemacht,
da hast du schon bei dir bedacht,
wie du mein wolltest werden.

Weise: Johann Sebastian Bach (1685–1750)
Worte: Paul Gerhardt (1607–1676)

Er hat unter uns gewohnt

Im Anfang war das Wort
und das Wort war bei Gott
und Gott war das Wort.
Es war im Anfang bei Gott.
Alles ist durch es geworden,
und ohne es ist nichts geworden, was geworden ist.
In ihm war das Leben,
und das Leben war das Licht der Menschen.
Und das Licht scheint in der Finsternis,
und die Finsternis hat es nicht ergriffen.
Er kam in sein Eigentum,
und die Seinigen nahmen ihn nicht auf.
Allen aber, die ihn aufnahmen,
gab er Macht, Kinder Gottes zu werden.
Und das Wort ist Fleisch geworden
und hat unter uns gewohnt.

Weihnachtsbotschaft der Bibel
Johannesevangelium 1,1–4.11–12.14

Segenswünsche zu Weihnachten

Mögest du im Kind in der Höhle von Betlehem
die Geburt eines neuen Menschen erkennen
und seinem Zeugnis Glauben schenken …

Mögest du an Weihnachten erfahren,
dass die in Krippe und Kreuz
ohnmächtige Liebe des Messias
ewig bleibt …

Mögest du an Weihnachten erfahren,
dass der Stern des Messias
vorausleuchtet in eine Welt,
in der Gott endgültig angekommen ist …

Mögest du an Weihnachten
die Geburt Jesu feiern
und auch die Geburt Gottes
in dir selbst!

nach Anton Rotzetter

Warum Gott zu uns als kleines Kind kam

Henri Nouwen

Gott spricht: „Ich liebe dich mit immerwährender Liebe“, und um uns das zu sagen, ist Jesus gekommen. Wir sind Gottes geliebte Geschöpfe – nicht weil wir etwas Bestimmtes getan hätten oder weil wir unter Beweis gestellt hätten, wie liebenswert wir sind. Gott liebt uns, unabhängig davon, was wir tun. Wenn das wahr ist, sind wir während dieser paar Jahre, die wir auf der Welt sind, gesandt, mitten in unserem Leben zu sprechen: „Ich liebe dich auch, Gott.“

Genauso wie Gott für uns sorgt, ist es überaus wichtig, dass auch wir in der Welt für Gott sorgen. Wenn Gott wie ein kleines Kind in die Welt kommt, kann Gott nicht gehen und nicht sprechen; jemand muss ihm das erst beibringen. Da fängt die Geschichte von Jesus an, der Menschen braucht, damit er groß werden kann. Gott sagt: „Ich will schwach sein, damit ihr mich lieben könnt. Was für eine bessere Möglichkeit gäbe es, euch zu helfen, meine Liebe zu erwidern, als ganz schwach zu werden, damit ihr für mich sorgen könnt?“ Gott wird zum stolpernden Gott, der mit dem Kreuz zu Boden fällt, der für uns stirbt und der ganz auf unsere Liebe angewiesen ist. Gott tut das, damit wir ganz nah an ihn herankommen können. Der Gott, der uns liebt, ist ein Gott, der verwundbar wird, von Menschen abhängig in der Krippe, abhängig von ihnen am Kreuz, ein Gott, der grundsätzlich fragt: „Bist du für mich da?“

Die wehrlose Liebe Gottes

Im Kind Jesus ist die Wehrlosigkeit der Liebe Gottes am meisten offenkundig: Gott kommt ohne Waffen, weil er nicht von außen erobern, sondern von innen gewinnen, von innen her umwandeln will. Wenn irgendetwas den Menschen, seine Selbstherrlichkeit, seine Gewalttätigkeit besiegen kann, dann die Schutzlosigkeit des Kindes. Gott hat sie angenommen, um uns so zu besiegen und zu uns selbst zu führen.

Benedikt XVI.

Jesuskind, trockne die Tränen

Trockne, Jesuskind, die Tränen der Kinder!
Streichle den Kranken und den Greis!
Dränge die Menschen, die Waffen niederzulegen
und einander weltweit friedlich zu umarmen!
Fordere die Völker auf, barmherziger Jesus,
die Mauern niederzureißen,
die Elend, Arbeitslosigkeit, Unwissenheit, Gleichgültigkeit,
Diskriminierung und Intoleranz errichtet haben.
Du bist es, göttliches Kind von Betlehem,
das uns rettet und von der Sünde befreit.
Du bist der wahre und einzige Erlöser,
den die Menschheit oft tastend sucht.
Gott des Friedens, Geschenk des Friedens
für die ganze Menschheit,
zieh ein in das Herz eines jeden Menschen
und einer jeden Familie.
Sei du unser Friede und unsere Freude!

Johannes Paul II.

Ich habe
auf das Licht gewartet

Ich habe
auf das Licht gewartet

aber vielleicht
ist das Warten
schon das Licht

ich habe
auf die Erfüllung gewartet

aber vielleicht
ist die Sehnsucht
schon die Erfüllung

ich habe
auf die Freude gewartet

aber vielleicht
waren die Tränen
schon Zeichen des Lebens

ich habe
auf Gott gewartet

und ein Kind
kommt zur Welt

Andrea Schwarz

Wovon die Seele ahnend träumt

Heinz Josef Algermissen

Viele von uns haben gewiss schon am Bettchen eines neugeborenen Kindes gestanden. Was mag uns da bewegt haben? Erschütterung vielleicht über die Zerbrechlichkeit und Hilflosigkeit des kleinen Wesens. Zweifel unter Umständen, wie solche Schwäche sich in unserer Welt der Ellebogengewalt durchsetzen soll. Eine tiefe Freude wird uns wahrscheinlich gepackt haben über dieses Wunder Mensch, in dem sich für einen Augenblick alle Wunder der Welt gleichsam zu verdichten scheinen. Sehnsüchtige Hoffnung mag uns erfüllt haben, weil dieser neue Mensch einen Ausblick freigibt auf eine Welt, die alle Chancen des Neubeginns hat.

Die Dichterin Ingeborg Bachmann hat solche Erwartung, die sich an die Geburt eines Kindes knüpft, aus der Sicht eines Vaters geschildert. In ihrer Erzählung „Alles" geht sie den Träumen eines Menschen nach, der an der Verlogenheit und Sinnleere einer verwalteten und verplanten Gesellschaft bis zum Ekel leidet und seinen Lebenstraum am Sohn verwirklichen will. „Er war der erste Mensch. Mit ihm fing alles an, und es war nicht gesagt, dass alles nicht auch ganz anders werden konnte", sinnt er an der Wiege des Säuglings.

So hoffen viele beim Anblick eines Neugeborenen. Aber in all die Dankbarkeit und Freude mischt sich doch die Traurigkeit, die aus dem Wissen rührt, dass von uns her sich nichts Wesentliches verändern wird; dass wir unsere Kinder die gleiche Sprache von Eigensucht und Neid, Angriffslust und Lüge lehren werden, wie es die Generationen vor uns getan haben. Und dennoch sterben unsere Wünsche nicht aus. Immer wieder träumen Menschen auf ähnliche

Weise von einem Kind, das die Rettung einer Welt bedeutet, die an ihrer Unfähigkeit zu lieben zu ersticken droht. In Michael Endes „Unendlicher Geschichte“ ist es die Gestalt der „kindlichen Kaiserin“, die dem Sog des „großen Nichts“ Einhalt gebieten soll. Bei Saint-Exupéry setzt der „Kleine Prinz“, dieses Kind von einem fernen Stern, dem Lärm der Managerwelt, der Hektik der in eitler Selbstdarstellung Befangenen und Verzweifelten die „Waffe“ schlichten Vertrauens und der Wahrheit entgegen.

Das sind Visionen, wie sie von Sehern aller Zeiten geboren werden, in immer neuen Varianten und Gestalten. Es sind Licht-Blicke in bedrohter Zeit, Hoffnungsfunken in Finsternis und Todesdunkel. Sie werden heraufgeholt aus der Tiefe der Seele, in die hinein Gott die Umrisse solcher Hoffnungsgestalten gelegt hat. Der Traum vom „göttlichen Kind“ ist aber noch mehr als ein Zeugnis der Sehnsucht. Er ist das in unserem Herzen verankerte Vorausbild eines Daseins, das erlöst ist.

Jesaja, ein Prophet des achten Jahrhunderts vor Christus, teilt uns eine Vision mit, deren Glanz bis heute nicht erloschen ist: „Das Volk, das im Dunkel lebt, sieht ein helles Licht; über denen, die im Land der Finsternis wohnen, strahlt ein Licht auf … Jeder Stiefel, der dröhnend daherstampft, jeder Mantel, der mit Blut befleckt ist, wird verbrannt, wird ein Fraß des Feuers. Denn uns ist ein Kind geboren, ein Sohn ist uns geschenkt“ (Jesaja 9,1–4).

In der Zeit der Bruderkriege, inmitten von Waffengeklirr und „dröhnenden Soldatenstiefeln“ kommt ihm, der wie ein Späher ausschaut nach Gott, aus der Tiefe seines Herzens eine Gestalt entgegen: ein Urbild vom heilen, aus aller Angst befreiten Menschsein. Ihm geht ein Licht auf, wie ein möglicher Neubeginn der Menschheit aussehen könnte: Mitten im Kriegsgetümmel sieht er in der Gestalt eines königlichen Kindes einen Ausweg, die Lösung. In ihm ist „Gott mit uns“: „Die Herrschaft liegt auf seiner Schulter; man nennt ihn: Wunderbarer Ratgeber, Starker Gott, Vater in Ewigkeit, Fürst des Friedens“ (Jesaja 9, 5).

Als „die Zeit erfüllt war“, kam einer, der setzte alle diese wunderbaren prophetischen Bilder der Erlösung Schritt für Schritt in die Wirklichkeit um, indem er den Weg Adams, den Weg des Menschen in die Gottesferne, in die umgekehrte Richtung, zurück zum Ursprung ging. Von Anfang an zeichnet der Glaube der Kirche daher sein Bild in der uralten Sprache der Propheten: Jesus, der Heiland, ist die Weisheit, der Herr, die Wurzel Jesse, der Schlüssel Davids, der Aufgang des Lichts, der König der Völker, der „Immanuel“, die Ankunft Gottes als Mensch zum Heil der Welt. Er hat Wirklichkeit werden lassen, wovon die Seele eines jeden Menschen ahnend träumt.

Zündet die Lichter an

Karl Rahner

Weihnachten heißt: Er ist gekommen. Er hat die Nacht hell gemacht. Er hat die Nacht unserer Finsternis, die Nacht unserer Unbegreiflichkeiten, die grausame Nacht unserer Ängste und Hoffnungslosigkeit zur Weihnacht, zur heiligen Nacht gemacht.

Gott hat sein letztes, sein tiefstes Wort im Fleisch gewordenen Wort in die Welt hineingesagt. Und dieses Wort heißt: Ich liebe dich, du Welt und du Mensch.

Ja, zündet die Kerzen an! Sie haben mehr Recht als alle Finsternis.

Zu Betlehem, da ruht ein Kind

Zu Betlehem, da ruht ein Kind
Im Kripplein eng und klein,
Das Kindlein ist ein Gotteskind,
Nennt Erd' und Himmel sein.

Zu Betlehem, da liegt im Stall
Bei Ochs und Eselein
Der Herr, der schuf das Weltenall,
Als Jesukindchen klein.

Von seinem goldnen Thron herab
Bringt's Gnad und Herrlichkeit,
Bringt jedem eine gute Gab,
Die ihm das Herz erfreut.

Der bunte Baum, vom Licht erhellt,
Der freuet uns gar sehr,
Ach, wie so arm die weite Welt,
Wenn's Jesuskind nicht wär.

Das schenkt uns Licht und Lieb und Lust
In froher, heil'ger Nacht.
Das hat, als es nichts mehr gewusst,
Sich selbst uns dargebracht.

O wenn wir einst im Himmel sind,
Den lieben Englein nah,
Dann singen wir dem Jesuskind
Das wahre Gloria.

Annette von Droste-Hülshoff

Aus dem Himmel

Aus dem Himmel ohne Grenzen
trittst du tastend an das Licht,
du hast Namen und Gesicht,
du bist wehrlos wie wir Menschen.

Als ein Kind bist du gekommen
– noch dein Schatten macht uns blind –
unnachspürbar wie der Wind,
der vorbeiweht in den Bäumen.

Wie ein Feuer vorgefunden,
wie ein Stern zu uns gesandt,
Spur, die weist in fremdes Land,
in den Tod bist du verschwunden.

Wie ein Quell bist du begraben,
nur noch Wüste hüllt dich ein.
Wird da je ein Andrer sein,
wird die Erde Frieden haben?

Als ein Wort bist du gegeben,
Furcht und Hoffnung in der Nacht,
wie ein Schmerz, der heil uns macht,
wie ein Neubeginn des Lebens.

Huub Oosterhuis

Wozu Gott fähig ist

LEONARDO BOFF

„Das Wort ist Fleisch geworden." Gott wollte wirklich einer von uns sein, wie du und ich, außer der Sünde: ein begrenzter Mensch, der heranwächst, der lernt und fragt; ein Mensch, der zuzuhören versteht und antworten kann. Gott hat keine abstrakte Menschheit angenommen, kein „vernunftbegabtes Lebewesen" in abstraktem Sinn. Vom ersten Augenblick seiner Empfängnis an wurde er zu einem historischen Wesen, Jesus von Nazaret, von jüdischer Abstammung und Religion, der sich im engen Mutterschoß bildete, in der Enge eines unbedeutenden Vaterlandes aufwuchs, heranreifte in der Enge eines Völkchens aus dem Landesinneren, der in einer begrenzten und wenig intelligenten Umgebung arbeitete, der weder Latein noch Griechisch, die damaligen Weltsprachen, beherrschte, der eine Mundart sprach, Aramäisch, mit galiläischem Tonfall, der die Unterdrückung der Besatzungsmacht in seiner Heimat zu spüren bekam, der Hunger, Durst, Sehnsucht und Tränen um den Tod des Freundes kannte, aber auch die Freude der Freundschaft, Trauer, Furcht, Versuchungen und Todesangst und der durch die dunkle Nacht der Gottverlassenheit hindurchging.

Das alles hat Gott in Jesus Christus auf sich genommen.

Nichts wurde ihm erspart. Er nahm alles an, was echt menschlich ist und zu unserer menschlichen Natur gehört, wie gerechten Zorn, gesunde Freude, Güte und Härte, Freundschaft und Konflikt, Leben und Sterben. Das alles ist gegenwärtig in der zarten Gestalt des Kindes, das in der Krippe weint zwischen Ochs und Esel.

Weihnachten zeigt uns, wozu Gott fähig ist. Er kann sich wirklich zu einem ganz anderen machen, zu einem Menschen, wie wir es sind, ohne aufzuhören, Gott zu sein.

Jesus Christus erscheint als der Treffpunkt des Menschen, der Gott sucht, mit Gott, der den Menschen sucht. In ihm ist der wahre Mensch zugegen. In ihm lebt unser unendliches Sehnen nach einer Begegnung, die ganz Erfüllung bringt. In ihm wirkt unsere Schwachheit und abgrundtiefe Armut. In ihm sind unsere Tränen über den schmerzvollen Leidensweg unserer Welt. In ihm sind unsere kleinen Freuden mit ihren zeitlichen und vorübergehenden Befriedigungen. In ihm ist unsere menschliche Armseligkeit, hineingebunden in die Enge einer Welt, die von den widersprüchlichsten Interessen getrieben wird. In ihm ist unser sterbliches Leben, das sich unwiederbringlich verbraucht und uns dadurch Unsicherheit und Angst einflößt, wie sie der Überraschung durch eine große Begegnung vorausgeht.

In ihm ist der wahre Gott zugegen, der unsere unendliche Sehnsucht stillt, unsere Schwachheit annimmt, unsere Tränen trocknet, uns mit unaussprechlicher Freude erfüllt. Durch dieses Kind sagt Gott definitiv zur Welt und zum Menschen: „Ich liebe dich!" Es gibt nichts, was gänzlich sinnlos wäre, weil Gott gesagt hat: „Ich liebe dich!" In der Nacht strahlte ein Licht auf, das nie wieder verlöschen wird. Das alles verbirgt sich in dem kleinen Kind, das sich voll Leben in der Krippe regt.

Der heilige Franziskus hat das gut begriffen: an diesem Tag, an dem das Wort Fleisch wurde, wollte er, dass alle sich satt essen sollten, dass man Samenkörner auf die Wege streute, damit die Vögel etwas zu fressen fanden, dass alle, die einen Esel oder einen Ochsen besaßen, ihnen reichlich Futter gaben. Mögen wir alle uns daran erinnern, dass wir untereinander Geschwister sind, und uns gegenseitig beschenken. Machen wir uns Geschenke, weil Gott uns ein unvergleichliches Geschenk gemacht hat: denn er gab sich selbst in einem Kind hin!

Meistens wird Gott
ganz leise
Mensch

die Engel singen nicht
die Könige gehen vorbei
die Hirten bleiben
bei ihren Herden

meisten wird Gott
ganz leise
Mensch

von der Öffentlichkeit
unbemerkt
von den Menschen
nicht zur Kenntnis genommen

in einer kleinen Zweizimmerwohnung
in einem Asylantenwohnheim
in einem Krankenzimmer
in nächtlicher Verzweiflung
in der Stunde der Einsamkeit
in der Freude am Geliebten

meistens
wird Gott
ganz leise Mensch

wenn Menschen
zu Menschen
werden

Andrea Schwarz

Die Gottesgeburt

Pierre Stutz

Die Menschwerdung Gottes erzählt uns vom heruntergekommenen Gott. Gott lässt sich ein auf diese Welt, auf ihre Entwicklungskraft und auf ihre Begrenztheit. Gott wartet nicht die idealen Bedingungen ab, um seine Sympathie auszudrücken, sondern begibt sich an den Rand, um uns *seine* Mitte zu eröffnen. Diese Erkenntnis prägt meine Spiritualität.

Spirituelle Menschen sind für mich Frauen und Männer, die sich einlassen auf das wirkliche Leben: Menschen guten Willens, die nicht über den Dingen stehen, sondern sich verwurzeln, wachsen und reifen in dem, was das Leben ihnen entgegenbringt. Ich warte nicht ein Leben lang auf die große Erleuchtung, auf die idealen Möglichkeiten, um ich selbst zu werden, sondern traue der Kraft des Augenblicks, dem, was jetzt und hier ist, um mich zu entfalten und mitzugestalten an menschlicheren Strukturen, die auch das Eingebundensein in die Schöpfung einbeziehen.

Was sich in der Geburt Jesu verdichtet, möchte durch jeden Menschen verinnerlicht werden. Darum sprechen Mystikerinnen und Mystiker von der Geburt Gottes im eigenen Seelengrund, in meiner Biografie, meiner Geschichte, meinen Charakterzügen, meiner Sozialisation.

Das Geheimnis der Menschwerdung geschah nicht nur ein für alle Mal in Betlehem, sondern ereignet sich im Augenblick.

4

Mit den Hirten zur Krippe

Kommet ihr Hirten

Kommet ihr Hirten, ihr Männer und Fraun,
kommet, das liebliche Kindlein zu schaun,
Christus, der Herr, ist heute geboren,
den Gott zum Heiland euch hat erkoren.
Fürchtet euch nicht.

Lasset uns sehen in Betlehems Stall
was uns verheißen der himmlische Schall.
Was wir dort finden, lasset uns künden,
lasset uns preisen in frommen Weisen:
Halleluja.

Wahrlich, die Engel verkündigen heut
Betlehems Hirtenvolk gar große Freud.
Nun soll es werden Friede auf Erden,
den Menschen allen ein Wohlgefallen.
Ehre sei Gott.

Böhmische Weise
Worte von Carl Riedel

Heute ist euch der Heiland geboren

In derselben Gegend waren Hirten auf dem Feld, die bei ihrer Herde Nachtwache hielten. Da trat der Engel des Herrn zu ihnen und die Herrlichkeit des Herrn umstrahlte sie und sie fürchteten sich sehr. Der Engel aber sagte zu ihnen: Fürchtet euch nicht! Denn ich verkünde euch eine große Freude, die dem ganzen Volk zuteil werden soll. Heute ist euch in der Stadt Davids der Retter geboren, der Messias, der Herr. Und dies soll euch das Zeichen sein: Ihr werdet ein Kind finden, in Windeln gewickelt und in einer Krippe liegend.

Weihnachtsbotschaft der Bibel
Lukasevangelium 2,8–12

Die Hirten

Es waren aber Hirten auf dem Felde,
Die hüteten ihr Liebstes in der Nacht.
Sie trugen Kleider grau wie graue Erde
Und schwer ein Antlitz, welches ewig wacht.

Sie sahen Schnee und Steine, tote Wälder
Und wachten drob, als sei es eine Welt.
Sie hüteten Gedanken wie die Herden
Und Träume so wie eigen Haus und Feld.

Bald wird der Engel zu den Hirten kommen.
Das Feindliche hält seine Stimme an.
Und bei dem Engel wird der Eine stehen,
Der Sturm und Meer und Menschen wehren kann.

Dann wird es warm. Die stillen Lampen brennen.
Sie kehren heim in die Geborgenheit
Und haben Frieden, da sie Ihn gesehen
Und bringen ihm das Gold der Dankbarkeit.

Siegbert Stehmann

Die Hirten auf dem Felde

ANSELM GRÜN

Während Maria ihr Kind in Windeln wickelt und in eine Krippe legt, lagern Hirten auf dem freien Feld und halten Nachtwache bei ihrer Herde (Lukas 2, 8). Die Hirten werden zu den ersten Boten der Menschwerdung Gottes. Warum gerade die Hirten? …

Die Hirten, die ihre Herden hüten, die für ihre Tiere sorgen, haben offensichtlich auch ein Gespür für den Raum, den das göttliche Kind braucht. Sie nähren es und wachen bei ihm, so wie sie bei ihren Herden Nachtwache halten. Mitten in der Nacht, da andere schlafen, sind sie wach. Sie hören in die Nacht hinaus, ob da nicht ein Wolf komme, der ihre Schafe reißen möchte, oder ein Räuber, der sich anschleicht, um ein Schaf zu stehlen. Die Hirten sind hörende Menschen. Sie hören auf die Geräusche der Nacht. Das Ohr schläft niemals. Selbst in der Nacht ist es noch aktiv und hört … Im Hören empfangen wir, was sich unserem Ohr anbietet. So sind Hörende offensichtlich bereiter, auch das göttliche Kind zu empfangen, das in ihnen geboren werden will …

Es braucht dieses aufmerksame und horchsame Hören, um die unerhörte Botschaft von der Menschwerdung Gottes zu vernehmen, um das Unhörbare in den Worten herauszuhören, die der Engel den Hirten zuspricht. Sie müssen erst hören, bevor sie das Geheimnis der Menschwerdung auch mit ihren Augen zu schauen vermögen.

Die Hirten werden geblendet vom Glanz des Engels. Sie sehen nicht die Gestalt des Engels, sondern den Glanz, den er verbreitet. Sie werden eingehüllt in das helle Licht des Engels. In ihnen wird alles hell. Sie schauen das Geheimnis Gottes und das Geheimnis der Welt.

Eine alte neue Geschichte

Margot Kässmann

Als Kind schon habe ich jedes Jahr auf die Worte des Weihnachtsevangeliums gewartet. Jedes Jahr dieselben Worte – und doch jedes Jahr neu. Neu wohl auch, weil wir selbst jedes Jahr Veränderte sind, die diese Worte hören. Vielleicht hat sich in diesem Jahr eine Hoffnung zerschlagen? Oder eine neue Liebe ist aufgetaucht! Mussten wir von einem Menschen Abschied nehmen? Oder hat unser Leben seinen Rhythmus, seinen Gleichklang gefunden? Wir sind jedes Weihnachten Veränderte, und die Welt ist eine veränderte Welt, in der wir diese Geschichte erzählen und uns ihre Personen vor Augen führen …

Was macht diese Geschichte zu einer besonderen? Jeden Tag werden Kinder von jungen Frauen geboren. Zuerst einmal: An die Geburt des Jesus von Nazaret hätte sich ohne die Hoffnung der Auferstehung wohl niemand erinnert. Ein Kind geboren, aber wie Milliarden Kinder zuvor und danach. Vom Ende her gewinnt diese Geburt besondere Bedeutung. Wir glauben als Christinnen und Christen, dass Gott mit diesem Kind den Tod überwunden hat. Er ist auferstanden, er ist wahrhaftig auferstanden – von diesem Osterruf her schauen wir auf das Kind in der Krippe.

Die Weihnachtsgeschichte hat nach menschlichen Maßstäben ein äußerst trauriges Ende. Sie endet mit einer außerordentlich grausamen Hinrichtung durch eine brutale Besatzungsmacht. Die letzte Meldung aber lautet: Der Tod ist nicht das Ende, er ist der Beginn einer Hoffnungsgeschichte der Menschen mit Gott.

Was es auch gab: eine Spur der Zerstörung in Kreuzzügen und in Kriegen, die heilig genannt wurden. Aber das war ein schrecklicher Irrweg, der die Botschaft Jesu bitter verfälscht hat. Vor allem hat Jesus Christus eine Spur der Gewaltlosigkeit, des Friedens gelegt. Eine Spur, die die Botschaft von der Gottebenbildlichkeit jedes Menschen und der Freiheit in die Welt getragen hat. Nelson Mandela: „Wenn ich also sage, dass wir das Produkt der missionarischen Erziehung sind, dann möchte ich damit zum Ausdruck bringen, dass ich den Missionaren gar nicht genug danken kann für das, was sie getan haben. Aber man muss in einem südafrikanischen Apartheid-Gefängnis gesessen haben, um die größere Bedeutung zu verstehen, die der Kirche in dieser Situation zugekommen ist."

Der Gedanke der Freiheit und Gleichheit aller Menschen, der Jungen und Alten, der Schwarzen und Weißen, der Männer und Frauen, der Kranken und Behinderten ist mit Jesus in die Weltgeschichte eingepflanzt. Der Gedanke, dass Frieden und Gerechtigkeit und Versöhnung möglich sind, ist als Hoffnung wie ein Unkraut präsent, das die Welt mit all ihrer Bosheit und Dunkelheit und ihrem Vernichtungswillen einfach nicht ausrotten kann.

Die Weihnachtsbotschaft lässt uns Träume von einer anderen Welt wagen. Einer Welt, in der wir die Türen aufmachen, anstatt uns in der gut gefüllten warmen Herberge abzuschotten. Der Traum von einer Welt, in der die Hirten und die Weisen und die Familien miteinander etwas vom Frieden Gottes erfahren. Die Philosophin Hannah Arendt hat einmal gesagt: Das Besondere am Menschen sei nicht die Sterblichkeit, die gelte auch für Tiere und Pflanzen. Das Besondere sei die menschliche Fähigkeit, etwas völlig Neues zu beginnen. Das ist wohl unsere Hoffnung an der Krippe: neu anfangen zu dürfen.

Laufen wir in das Geheimnis hinein

Um uns zu retten,
legt Gott sich in die Wiege,
ins duftende Heu.
Kommt doch,
da ist er, zärtlich umhüllt,
da ist er, in jedem von uns.

Laufen wir in das Geheimnis hinein,
überholen wir die Hirten,
folgen wir dem Stern des schönsten Abends
wie die Weisen im Galopp.

In der klaren Nacht, oh, singen wir hell,
nehmen wir unsere Flöten,
wecken wir alle, die schlafen,
damit sie den Frieden kosten wie den Honig
der frisch gefüllten Waben.
So klein und so fein wurde Gott für uns.

Basile Quedraogo, übertragen von Maria Otto

Zeugen der Hoffnung

Adalbert Ludwig Balling

Die Hirten von Betlehem ahnten nicht, wie sehr gerade sie zu Zeugen der Hoffnung werden sollten. Zu Zeugen in einer neuen Welt. Zu Zeugen des Lichtes und der Freude, des Friedens und der Versöhnung.

Gottes ureigener Sohn war in die Welt gekommen. Göttliches Licht war erscheinen. Göttliche Liebe hatte sich den Menschen offenbart. Göttliche Weisheit hatte sich aufgemacht, die Menschen zu belehren und zu erlösen. Eine neue Ära war angebrochen: Der Friedensfürst war selbst gekommen, die Menschen für den Frieden zu gewinnen. Die Finsternis der Nacht war gewichen; die Sonne der Gerechtigkeit war aufgegangen über Betlehem. Doch niemand ahnte, wie sehr dieses Ereignis die Welt verändern würde – weder der Wirt in der Herberge noch die Bürger in den Wohnhäusern. Die Ersten und zunächst Einzigen, die davon er fuhren, waren die Hirten vor den Fluren der Stadt.

Sie, die auch nachts bei ihren Schafen blieben, waren auserwählt worden, die Botschaft der Engel zu hören. Zuerst ihnen, diesen einfachen Menschen, erstrahlte ein Licht. Den Hütern der Tiere wurde die Dunkelheit erhellt. Den Geringsten unter den Tagelöhnern wurde das Heil der Welt geoffenbart. Sie, und nur sie, hörten die Engelchöre singen.

Die Finsternis der Nacht war durchbrochen worden; die Einsamkeit hatte Löcher und die Armut ein neues Gewand bekommen. Und alle, die kein Heim hatten, keine feste Bleibe, sie wurden zu Boten dessen, der allen Menschen Wohnung und Heimat bietet.

Die Mitte der Heiligen Zeit

Indianisches Weihnachtsmärchen

Das Dorf liegt zu allen Jahreszeiten da wie eine Streuung glatter Steine in einer breiten Falte des sandigen Bodens. Das Gelände hebt sich in sanfter Steigung nach Norden hinweg, wo es wiederum abfällt in ein großes rundes Becken voll Sümpfen und Gras. Auf drei Seiten der großen Wiese sind blaue Berge und tiefe Wälder, in denen es von wilden Tieren wimmelt. Man sagt von dieser Wildnis, sie sei so alt wie der Mond und habe kein Ende in der Zeit.

Einst lebte dort ein armer stummer Junge, der Tolo hieß. Drei Jahreszeiten verbrachte er stets bei seiner Mutter und seinem Vater im Dorf, doch jeden Sommer zog er zu seinem Großvater in das Haus auf der großen Wiese am Fuß des Gebirges. Tolo wusste nichts Schöneres, als bei seinem Großvater zu sein, denn der alte Mann war gut zu ihm und erzählte ihm wundersame Geschichten. Aber als Tolo noch ein Kind war, starb sein Großvater, und der Junge konnte nicht mehr zu der großen Wiese gehen. Nie vergaß er, was das für ein guter Ort war, und er wohnte dort in seinen Träumen.

Er erinnerte sich, dass der Großvater die Tiere der Berge kannte. Im Sommer, bevor er starb, hatte der alte Mann ihn mitgenommen zum hohen Rand der großen Wiese. Sie saßen miteinander am Fuß der Berge, am Saum dunkler Zedern- und Föhrenwälder, von wo aus sie über die weite, wellige Ebene blicken konnten.

Als das Licht am späten Nachmittag blasser wurde, sahen sie in der Ferne einen Adler. Er schwang sich in hohen, weiten Bögen über das Land, und die untergehende Sonne entzündete ein dunkles Feuer auf seinen Flügeln. Zur Stunde der Dämmerung kam ein großer Elch langsam aus den

Wäldern herab, um aus der Quelle im Sumpf zu trinken, und er stand da wie ein riesiger schwarzer Fels zwischen den Schilfrohren in dem niedrigen Dunstschleier, der aus dem Wasser stieg, bis dann die Nacht um ihn zuwuchs. Danach füllte sich die Wiese mit Mondlicht, und sie hörten das langgezogene Heulen eines Wolfes über den Abhängen.

Immer wieder drängte es den Jungen, seinen Eltern davon zu erzählen, was er gesehen und gehört hatte, aber da er keine Stimme hatte, blieb er allein mit seinen Erinnerungen und Träumen. In solchen Stunden übermannte ihn die Sehnsucht nach seinem Großvater, die Verlassenheit fiel über ihn her, und er weinte.

Doch heute war Heiliger Abend, und in Tolos Haus war lebhaftes Treiben; denn dieses Jahr waren seine Eltern an der Reihe, das Christkind aufzunehmen. Eben jetzt war Tolos Mutter damit beschäftigt, ein Festmahl für die Dorfleute zu richten, denn nach der ersten Messe am Weihnachtsmorgen würden sie, wie es Brauch war, in Prozession hereinkommen, um ihre Aufwartung zu machen und vor der Statue des Christkindes in Anbetung niederzuknien. Und gleichzeitig war jetzt sein Vater dabei, einen Altar in einer Ecke des Raumes, in dem Tolo schlief, aufzubauen, und Tolo sammelte immergrüne Zweige und band sie in zierlichen Mustern, um den Altar zu schmücken.

Den ganzen Tag wartete Tolo, immerzu träumte er vom Christkind. Er hatte hart gearbeitet und war ordentlich müde. Schließlich war alles fertig, und es wurde Zeit, zur Kirche zu gehen, denn die Mitternachtsmesse würde gleich beginnen.

Die Kirche stand genau in der Mitte des Dorfes. Ihre hohen, dicken Mauern waren glatt und erdfarben, und über der Tür hingen drei alte Glocken. Drinnen erstrahlte der Altar im Licht vieler Kerzen. Ringsumher waren wunderschöne Dinge zu sehen, Gemälde und feierliche Federbüsche, Bänder und Kränze. Auf einer Seite des Altars stand ein kleiner, fehlerlos gewachsener Baum, sein Schmuck schimmerte im sanften Licht, und auf der andern Seite stand eine Krippe, in der die Statue des Christkinds in einem Bett aus Stroh lag …

Tolo und seine Eltern saßen vorn auf einem Ehrenplatz, von wo aus sie gerade in die Krippe schauen konnten. Die kleine Statue des Christkinds war sehr schön, und eine Zeit lang konnte Tolo den Blick nicht davon wegwenden. Doch nach einer Weile fing er an, schläfrig zu werden und seine Gedanken schweifen zu lassen. Er dachte an seinen Großvater und fühlte sich sehr allein. Seine Einsamkeit wurde riesengroß, dass er hätte weinen mögen, aber gleichzeitig fand er es schön, zu träumen. Es war, als sei der alte Mann zu ihm zurückgekommen …

Als die Christmette zu Ende war, ging Tolos Mutter zur Krippe und nahm das Jesuskind in ihre Arme; sie setzte sich und wiegte es in ihrem Schoß, und Tolos Vater saß neben ihr. Jetzt kamen die Dorfleute nach vorn, um die Statue zu küssen. Tolo hielt sich eine Weile zurück, er war halb eingeschlafen, dach dann stand er auf und wandte sich zum Mittelgang. Ein alter Mann in eine Decke gehüllt kniete vor seiner Mutter. Tolos Augen wurden weit, denn der alte Mann glich seinem Großvater. Ja, er war es gewiss! Schnell lief der Junge hin, versuchte den Namen des Großvaters auszurufen, aber die Menschenmenge holte ihn ein, und dann war der alte Mann weg.

Draußen stellten sich die Leute zur Prozession auf. Freudenfeuer waren angezündet, und sie bildeten eine lange, helle Linie durch die Straßen bis hin zu Tolos Elternhaus. Tolo spähte überall nach seinem Großvater, aber konnte ihn nicht finden. Die Prozession setzte sich in Bewegung, und Tolo schloss sich hinten an. Endlich, weit dort vorn, erblickte er seinen Großvater. Der alte Mann verließ die Prozession und bog in eine der dunklen Straßen ein. Tolo rannte hinter ihm her, und versuchte wieder, nach ihm zu rufen, doch als er die Straße erreicht hatte, war der alte Mann schon am andern Ende; wie der Schatten eines Vogels glitt er dahin.

Tolo folgte ihm, so gut er konnte, aber der Schatten flog zum Dorfrand und weiter. Da erblickte er ein schwaches Glühen in der Ferne, wo die Bergspitzen zwischen den Sternen standen. Als er näher kam, hörte er das scharfe Geräusch von krachendem Holz in den Flammen, und er roch einen dünnen, süßen Rauch. Wahrhaftig, da war ein Feuer, wie die Freudenfeuer des Dorfes, hier am Rande der großen Wiese. Tolo kniete auf dem hellen, warmen Boden nieder und hielt die Hand über die Flammen. „Dank dir, Großvater", sagte er in seinem Herzen, doch ihm schien, dass seine Stimme wie eine Glocke aufklang und zwischen den Bäumen ihr Echo weitertrug.

Nach einer Weile hörte er etwas und blickte auf. Der Elch trat in den Kreis des Lichtes und blieb bei Tolo stehen, groß und hoch über ihm, und seine Augen widerspiegelten die ganze, weite Nacht. „Alter Elch, bitte teile mit mir die gute Gabe dieses Feuers." Und abermals war es, als wenn seine Stimme widertönte wie aufkommender Wind.

Wieder nach einer Weile bewegte sich ein Schatten über ihnen vom Wald her. Der Elch erzitterte, aber nur einen Augenblick, und Tolo sah nun, dass sich über seine Flanke eine lange, gekrümmte Narbe zog, wo vor langer Zeit die Zähne eines Wolfes sich in das Fleisch eingeschlagen hatten. Der Wolf rückte heran und legte sich im Schein des Feuers nieder. Tolo war voll Staunen und sagte: „Alter Wolf, bitte teile mit mir die gute Gabe dieses Feuers." Da kam von oben ein harsches Knattern, und sekundenschnell erstarrte der Wolf und kehrte sich ab, und nun sah Tolo den zerfetzten Rand des Ohres, das die Krallen eines großen Vogels vor langer Zeit blutig gerissen hatten. Der Adler ließ sich fallen und legte sich im Schein des Feuers nieder. Tolo fühlte sein Herz heftig schlagen, und er sagte: „Alter Adler, bitte teile mit mir die gute Gabe dieses Feuers." Jedes Mal, wenn Tolo sprach, erhob sich seine Stimme wie ein Gesang über dem tiefen Schweigen der Nacht.

Der Junge, der Vogel und die wilden Tiere bildeten einen Kreis von Wundern rings um die gute Gabe des Feuers, und um diesen herum legten sich andere, weitere Kreise; sie wurden gebildet von der Wiese, den Bergen und dem Sternenhimmel, all den Stimmen und all dem Schweigen der Welt. Tolo wusste jetzt, dass er in die Mitte der Heiligen Zeit geführt worden war. Er dachte wieder an seinen Großvater, den er nahe wusste dort unter den Bäumen, und an seine Eltern und an das Christkind, das zu ihnen gekommen war, die zwölf Weihnachtstage in ihrem Haus zu wohnen.

Das Feuer brannte herunter, und als er aufsah, waren die wilden Tiere gegangen. Er hatte mit ihnen die gute Gabe des Feuers geteilt, und sie hatten ihm und einander etwas von ihnen selbst gegeben. Über der großen Wiese konnte er das erste Frühlicht des Weihnachtstages aufschimmern sehen. Er schlief, und als er einmal im letzten Schatten der Nacht aufwachte, lag er daheim in seinem warmen Strohbett auf dem Sandboden zu Füßen des Hausaltars.

Das einzige Licht im Raum kam von einer geweihten Kerze; sie tropfte in dem blauen Glas und warf einen sanften Schimmer auf den Kopf des Christkinds. Tolo drehte sich um und schloss die Augen wieder, und er war nicht mehr arm und stumm. Sein Geist schwang über die große Wiese und die Berge, seine Einsamkeit war umhegt von der wilden Stärke eines großen Elchs, und er sang aus seinem ganzen Wesen mit einer Stimme, die durch die Weite drang wie der Schrei des Wolfes.

5

Engel verkünden den Frieden

Engel auf den Feldern singen

Engel auf den Feldern singen,
und ihr Lied erfüllt das All.
Selbst die Berge müssen klingen
von dem frohen Widerhall:
Gloria in excelsis Deo.

Woher rührt das Lied der Freude?
Wem gebührt der Jubelklang?
Welchem König weihen heute
Himmelsheere den Gesang?
Gloria in excelsis Deo.

Dem Erlöser singen Chöre,
der dem Volk den Frieden bringt,
dass der ganze Erdkreis höre,
vor dem Kind sich beugt und singt:
Gloria in excelsis Deo.

Französische Volksweise
Worte in der deutschen Übertragung:
Ulrich Sander

Und auf der Erde Friede

Und plötzlich war bei dem Engel eine Menge himmlischer Heerscharen, die Gott lobten und sprachen: Herrlichkeit in den Höhen für Gott und auf der Erde Friede den Menschen seiner Huld.

Weihnachtsbotschaft der Bibel
Lukasevangelium 2,13–14

Frieden, Frieden will ich rufen

Frieden, Frieden will ich rufen,
dass der Stern von Betlehem
nicht nur vor zweitausend Jahren,
als die Weisen aus dem Morgenland
in dem Stall und an der Krippe waren,
Dunkelheit mit seinem Licht erhellt,

sondern dass die Waffen heute schweigen
und kein Mensch mehr um Gewalt und Hunger weiß,
dass die Mächtigen sich vor den Schwachen neigen,
und es endlich Friede wird in dieser Welt,
der für alle Zeiten hält.

Frieden, Frieden will ich rufen,
dass der Stern auch heute
in dir aufgeht und mit hellem Licht
deine Angst und Trauer, Schmerz und Schuld
ein für alle Mal durchbricht
und jetzt ruhen kann, was gestern war,

dass sich deine Sehnsucht endlich stillt
und sich auf geheimnisvolle Weise
in der Zukunft auch dein Lebenstraum erfüllt.
Deine Wünsche werden wahr:
So gesegnet sei dein neues Jahr.

Christa Spilling-Nöker

Heimweh nach Frieden

PHIL BOSMANS

Zu Weihnachten wird viel vom Frieden geredet und von den Menschen guten Willens. Schaut man auf die vielen Krisen- und Kriegsgebiete der Welt, wo Mord und Totschlag, Hunger und Flucht herrschen, und sieht man in nächster Nähe, wie Beziehungen zerbrechen, wie Gleichgültigkeit, Rücksichtslosigkeit, unverhüllte Gier und Gewalt zum Alltag gehören, dann fragt man sich, wo sie denn zu finden sind, die Menschen guten Willens.

Bei den einfachen Menschen sind sie zu finden, die ein Herz aus Gold haben und die es zu Wort kommen lassen in Taten der Liebe. Einfache Menschen sind wunderbare Menschen. Sie breiten Flügel aus über die Unsicherheit ängstlicher Menschen. Auf den Schultern ihrer Freundschaft tragen sie hilflose Menschen. Sie sind Oasen in unserer Wüste. Sie sind Sterne in unserer Nacht. Sie sind die einzigen Lungen, durch die unsere Welt atmen kann.

Weihnachten ist ein Aufruf, alle Gewalt abzulegen, die Wunden der Menschen auf allen ihren Wegen mit sanften Händen zu heilen und das Wort Friede über die Erde zu schreiben. Friede allen Menschen guten Willens! Friede auch für dich, wer du auch seist, was du auch denkst oder glaubst. Friede! Denn auch du trägst im tiefsten Herzen Heimweh nach dem verlorenen Paradies, Heimweh nach Güte und Liebe, nach Frieden.

Weihnachten ist immer, wenn ein Menschenkind Liebe findet, ein mütterliches, väterliches Zuhause. Weihnachten ist immer, wenn ein Mensch Herz und Hände öffnet für Menschen in Not. Weihnachten ist immer, wenn Menschen einander vergeben.

Die Engel

Margot Kässmann

Als Jugendliche haben meine Schwestern und ich immer über unsere Mutter gestöhnt: Wie spießig, vor Weihnachten müssen die Fenster geputzt werden, oh nein! … Heute schaue ich, wie meine Fenster aussehen und sage: Die müssen wir aber vor Weihnachten noch putzen … Und meine Töchter schauen mich an: Oh nein … Warum aber wollte meine Mutter die Fenster putzen? Weil sie sich auf hohen Besuch vorbereitet hat.

Gottes Kommen kündigen in der Bibel die Propheten an, aber als die Ankunft ganz nahe ist, da sind es im Lukasevangelium die Engel, die den Menschen diese Ankunft zusagen. Durch einen Engel erfährt Zacharias als Allererster davon, dass sein Sohn, der geboren werden soll, das Volk vorbereiten wird auf die Ankunft Jesu. Auch Maria, die Mutter Jesu, wird vom Engel besucht: „Siehe, du wirst schwanger werden und einen Sohn gebären und du sollst ihm den Namen Jesus geben." Die Hirten auf dem Feld zu Betlehem werden vom Engel vorbereitet: „Siehe, ich verkündige euch große Freude, die allem Volk widerfahren wird."

Die Ankündigung des Besuches Gottes bei den Menschen duch die Engel geschieht immer mit der gleichen Aufforderung: „Fürchte dich nicht!" Dieses „Fürchte dich nicht!" ist sozusagen die Visitenkarte des Engels, die Visitenkarte, wenn Gott zu den Menschen kommt.

Durch die Geschichte hindurch haben sich die Engelsdarstellungen verändert. Da sind nackige kleine Jungs und hagere, große Gestalten, fette kleine Puttenengel, niedlich pausbäckige Goldjungs, schmale, ätherische Frauengestalten. Was aber ist ein Engel? Gottes Bote? Erfahrung der Nähe Gottes? Oder uns zum Trost geschickt, wie Hans

Christian Andersen erzählt: „Jedes Mal, wenn ein gutes Kind stirbt, kommt ein Engel Gottes zur Erde hernieder, nimmt das tote Kind auf seine Arme, breitet die großen, breiten Flügel aus und fliegt über die Stätten, die das Kind lieb gehabt hat …“

Macht es Sinn, noch an Engel zu glauben? Oder hat uns die Aufklärung das nicht endgültig ausgetrieben? Ich glaube, wir nähern uns einer Zeit, in der wir die Aufklärung wohl kaum hinter uns lassen, aber hinter all dem Sichtbaren, dem so Erklärlichen, wissenschaftlich Beweisbaren doch auch das Geheimnis neu ahnen. Das Geheimnis in unserem eigenen Leben, das Geheimnis hinter der sichtbaren Welt …

Engel – das sind Momente im Leben, die nicht erklärbar sind. Das plötzliche Wissen: Das ist der richtige Mann, die richtige Frau. Ein überschäumendes Glücksgefühl im Anblick von Himmel oder Erde. Eine Erfahrung, bewahrt worden zu sein: vor einem Unfall, vor einer Dummheit. Das Festigen der Erahnung einer Entscheidung: Das ist der richtige Weg. Oder auch die Begegnung mit einem Menschen, der den entscheidenden Hinweis gibt, ein Lächeln auf unsere Lippen bringt, uns für Stunden oder Tage froh sein lässt. Ich denke schon, wir können sagen, dass uns in solchen Situationen ein Engel Gottes berührt …

Wir können das Leben Jesu von Nazaret verstehen als Besuch Gottes bei den Menschen. Gott teilt das Leben der Menschen und ist darin doch auch eben nur Gast, so wie wir „Gast auf Erden“ sind. Die Auferstehung Christi aber zeigt uns, dass die Existenz Gottes weit über unsere Zeit und Welt hinausgeht, weit über das Sichtbare hinaus. Das können wir nur glauben. Wir können diesen Glauben nicht „leisten“, aber wir können ihm Zeit schaffen zu wachsen: Zeit, in der wir uns einlassen auf die Botschaft des Engels: „Fürchte dich nicht!“

Der Glanz des Engels

Anselm Grün

Der Engel darf auf keiner Weihnachtsdarstellung fehlen. Er verleiht dem schlichten Geschehen einen göttlichen Glanz. Er deutet uns, was da in dieser schlichten Geburt eines Kindes in der Krippe geschehen ist. Täglich werden Kinder geboren. Und oft genug werden sie in ähnlich ärmlichen Verhältnissen geboren wie damals im Stall von Betlehem.

Erst der Engel taucht dieses alltägliche Geschehen in einen göttlichen Glanz. Weihnachten ist keine Idylle, nach der wir uns immer wieder zurücksehnen, weil sie uns etwas vom Zauber der Kindheit verheißt. Weihnachten, so zeigt uns die Szene des Engels bei Lukas, geschieht mitten in unserem Alltag, dort, wo wir unsere Arbeit verrichten, dort, wo wir bei unseren Herden lagern, wo wir das behüten, was Gott uns anvertraut hat, wo wir achtsam und sorgfältig tun, was uns aufgetragen ist.

Aber wenn wir wie die Hirten wachen, wenn wir den Schlaf unserer Illusionen aufgeben, wenn wir aufwachen zur Wirklichkeit, dann könnten auch wir den Engel wahrnehmen, der uns in unserem Alltag begleitet. Der Engel des Herrn will uns deuten, was da Tag für Tag an uns und in uns geschieht. Er will uns auf die eigentliche Wirklichkeit hinweisen. Das, was wir nach außen sehen, ist nicht alles. Unsere Arbeit, unsere Beziehungen, unsere Sorgen und Mühen, das ist Realität. Aber dahinter leuchtet der Glanz Gottes. Gott ist in uns geboren. Gott hat sich uns eingefleischt. Sein Licht leuchtet in unserer Finsternis. Seine Güte strahlt in unserer Unlust. Seine Liebe strömt gerade dort, wo wir uns hart und vertrocknet fühlen. Wir müssen nur wie die Hirten – mitten im Schlaf unseres Lebens – immer wieder die Augen öffnen, damit wir den Engel des Herrn erkennen, der bei uns ist.

Der Engel, der nicht fliegen konnte

Christa Spilling-Nöker

Es war einmal, so beginnen selbst im Himmel die Märchen, ein junger Engel, der ganz neu zu den himmlischen Heerscharen gekommen war. Er tat sich von Anfang an schwer mit dem Leben als Engel, doch machte ihm ein Problem besonders zu schaffen. Er kam, so merkwürdig das auch für die himmlische Welt klingen mag, mit seinen Flügeln nicht zurecht. Anfangs drückten sie ihn, dann juckte es ihn gerade an den Stellen, an denen sie ihm gewachsen waren, am Rücken, ohne dass es ihm möglich war, sich zur Erleichterung ein wenig zu kratzen. Vor allem mit dem Fliegen tat er sich schwer. So sehr er sich auch bemühte, es wollte ihm einfach nicht gelingen, sich mehr als ein paar Meter hoch von einer Wolke abzuheben. Zu groß war die Angst, nach wenigen Sekunden ungeschickt wieder abzustürzen, wie er es nach seinen ersten Flugversuchen mehrfach erlebt hatte. Am liebsten wäre er diese lästigen Dinger an seinem Rücken wieder los geworden. Äußerungen in diese Richtung stießen allerdings bei seinen Mitengeln auf herbe Kritik. „Zu einem Engel gehören nun einmal Flügel dazu“, meinten die anderen. „Aber wozu denn?“, fragte der Neue leicht bockig. „Von Liebe und Frieden singen und Gott loben kann ich doch schließlich auch ohne diese Wedel da hintendran.“

„Was sind denn das für Ausdrücke“, mahnte ihn einer der Oberengel, dem es oblag, die Kleinen in die Ordnungen des himmlischen Gemeinschaftslebens einzuführen. Er holte tief Luft und fügte dann in ruhigem Tonfall hinzu: „Die Flügel brauchen wir, um uns leise und leicht in engelsamer Geschwindigkeit von einem Ort zum anderen zu bewegen. Wir werden oft ganz schnell an weit entfernten Orten gebraucht und könnten nicht helfend eingreifen, wenn wir uns mühsam und schwerfällig auf Füßen bewegen würden, wie die Menschen auf der Erde." Der Kleine nickte resigniert. Die Antwort des Oberengels leuchtete ihm ein. Dennoch fühlte er sich hier irgendwie fehl am Platz.

Aber er wollte es nicht an seinem guten Willen fehlen lassen. Jeden Tag erprobte er sich in neuen Flugversuchen. Doch die Angst, zu versagen und von den anderen nicht als richtiger Engel anerkannt zu werden, lähmte ihn. Sooft er auch zum Fliegen anhob, immer wieder stürzte er ab, bis er seine Anstrengungen eines Tages völlig aufgab. Zu dieser Zeit kümmerte es auch keinen der Engel mehr, wie es um ihn stand. Alle waren unablässig damit beschäftigt, sich auf die Geburt von Gottes Sohn vorzubereiten, die in wenigen Wochen auf der Erde in einem völlig unbedeutenden Ort namens Betlehem stattfinden sollte. Wenigstens fiel er im Engelschor nicht unangenehm auf. Er sang das „Gloria in excelsis" so klar und rein, dass er zumindest hier als richtiger Engel anerkannt wurde.

Endlich kam der Tag, an dem das wunderbare Ereignis stattfinden sollte. Aufgeregt flatterten alle Engel hin und her, suchten ihre Liedblätter zusammen, stimmten ihre Harfen und Posaunen und machten sich bereit für den gemeinsamen Flug gen Israel. „Nun komm schon!", rief der Oberengel dem Kleinen zu. „Du wirst doch diese einmalige Stunde in der Weltgeschichte nicht versäumen wollen?" Mühsam versuchte der junge Engel, seine Flügel zu bewegen, aber auch dieser erste Versuch seit langer Zeit misslang kläglich.

„Dann musst du eben hier oben bleiben!", riefen die anderen einmütig im Chor. „Wir müssen jetzt los." Traurig nickte der kleine Engel und verharrte, als sich die anderen alle hoch in die Lüfte aufschwangen, einsam und verlassen auf seiner Wolke. Wer je behauptet haben mag, dass Engel keine Tränen kennen, wurde in diesem Augenblick Lügen gestraft. Der junge Engel schluchzte so tief, dass sogar sein

Heiligenschein Gefahr lief, aufgrund der seelischen Erschütterungen von seinem Kopf zu fallen.

Doch die Tränen versiegten, und der junge Engel war zu neugierig, um nicht doch einen Blick auf die Erde zu werfen, just dahin, wo die anderen gerade das Wunder des göttlichen Geheimnisses priesen. „Halleluja", sangen sie aus voller Kehle und danach das „Ave Maria", das er so oft mit ihnen zusammen geübt hatte. Dann aber verhießen ihre Stimmen, dass nun, durch die Geburt des Heilands, alle Leiden und Schmerzen überwunden würden und jede zerrissene Seele heil werden könne. Niemand müsse sich mehr fürchten oder Angst davor haben, zu versagen oder angeblich nichts wert zu sein. Das Wunder von Weihnachten bedeute, dass niemand nach seinen Leistungen bewertet werden dürfe, sondern dass sich jeder in aller Freiheit zu dem entfalten könne, der er ist.

Diese Töne trafen den kleinen Engel mitten ins Herz. Wenn diese Worte nicht nur den Menschen auf der Erde, sondern auch ihm gelten würden, dann bräuchte er sich seiner Unfähigkeit beim Fliegen nicht länger zu schämen. Dann musste er sich nicht länger davor fürchten, von den anderen belächelt, verachtet oder gar aus dem Kreis der Engel ausgestoßen zu werden.

Ein unglaubliches Glücksgefühl durchfuhr ihn. Er war innerlich so beschwingt, dass er ganz unmerklich seine Flügel bewegte und sie vor Begeisterung über das, was er gehört hatte, derart kraftvoll bewegte, dass er sich, das erste Mal in seinem Engeldasein, weit in die Lüfte erhob. „Halleluja", sang er aus vollem Herzen und eilte mit mächtigen Flügelschlägen hin zu dem Ort, an dem sich das Wunder des Heils ereignet hatte. Unmerklich mischte er sich unter die jubelnde Engelschar. Als diese das große „Gloria in excelsis Deo" anstimmte, war er es, der das Wunder von Weihnachten am lautesten pries.

Kaum zu glauben

Franz Kamphaus

Im Grunde ist das eine Ungeheuerlichkeit, wenn es im Weihnachtsevangelium heißt: „Auf Erden Friede" (Lukas 2,14). Kaum zu glauben. Schon ein kurzer Blick in die Weltgeschichte von damals bis heute sagt das Gegenteil. Nicht Friede ist auf Erden, vielmehr Unterdrückung und Streit, Elend und Mord. Was Lukas als Präludium seines ganzen Evangeliums schreibt, ist wie eine Kontrastgeschichte zu allem, was ist. Dieser Eindruck verstärkt sich, je näher wir hinschauen.

Vom Mächtigsten in der Welt ist die Rede, dem Kaiser in Rom, dann von seinem Statthalter, dann von Josef und Maria und schließlich von dem neugeborenen Kind. Eine ganz alltägliche Geschichte, von Gott ist zunächst mit keinem Wort die Rede. Was es mit diesem Kind auf sich hat, muss eigens gesagt werden – von Gott her. Das leuchtet nicht ein mit den Augen der natürlichen Vernunft. Das kann man sich nicht selbst sagen. Man muss es sich sagen lassen – wie die Hirten auf dem Feld. Da endlich wird das Kind im Futtertrog zum Zeichen für die Botschaft: „Heute ist euch in der Stadt Davids der Retter geboren; er ist der Messias, der Herr" (Lukas 2,11). Dieses unscheinbare Kind ist der Friedensbringer Gottes ... Kann der Kontrast stärker sein zwischen den Hoffnungen auf Weltfrieden für alle und der Ankunft eines solchen Friedensstifters?

... Nur wenn wir der Wahrheit des Kindes folgen und „wie ein Kind" werden (Lukas 18,17), kommen wir wahrhaft zur Ruhe. Wie anders könnten wir Frieden schaffen als so, dass wir den Frieden in uns geboren werden lassen.

Segenswunsch

Dein Friede
möge auf uns
herabkommen

dein Friede
möge uns
erfüllen

dein Friede
möge uns
unruhig machen

dein Friede
möge uns
sehnsüchtig machen

dein Friede
möge uns
Mut zum Dunkel geben

dein Friede
möge uns
Lust am Leben machen

dein Friede
möge uns
Vertrauen lehren

dein Friede
möge uns
auf die Suche schicken

dein Friede
möge Antwort
auf meine Fragen sein

dein Friede
sei mit uns

Andrea Schwarz

Nie wieder Krieg

Großer, barmherziger Gott unserer Väter,
du hast Pläne des Friedens und nicht des Leidens.
Ächte die Kriege und brich den Hochmut der Tyrannen.
Du hast deinen Sohn Jesus gesandt,
den Nahen und Fernen deinen Frieden zu verkünden,
die Menschen jeglicher Rasse und Herkunft
zu einer einzigen Familie zu vereinen.
Höre den einmütigen Aufschrei deiner Kinder,
das leidvolle Flehen der ganzen Menschheit:
Nie wieder Krieg, das Abenteuer ohne Rückkehr,
nie wieder Krieg, die Spirale der Trauer und Gewalt!
Sprich zu den Herzen derer,
die über das Los der Völker entscheiden.
Gebiete Einhalt der Logik der Vergeltung und der Rache,
und gewähre unserer Zeit Tage des Friedens!
Amen.

Johannes Paul II.

6

Wir haben seinen Stern gesehen

Es ist für uns eine Zeit angekommen

Es ist für uns eine Zeit angekommen,
es ist für uns eine große Gnad.
Unser Heiland Jesus Christ,
der für uns Mensch geworden ist.

In der Krippe muss er liegen,
und wenn's der härteste Felsen wär:
Zwischen Ochs und Eselein
liegst du, armes Jesulein.

Drei König kamen, ihn zu suchen,
der Stern führt sie nach Betlehem.
Kron und Zepter legten sie ab,
brachten ihm ihre reiche Gab.

*Worte und Weise nach einem Sternsingerlied
aus dem Kanton Luzern*

Und der Stern zog vor ihnen her

Als nun Jesus geboren war, zu Betlehem im Lande Juda in den Tagen des Königs Herodes, da kamen Magier aus dem Osten nach Jerusalem und fragten: Wo ist der neugeborene König der Juden? Wir haben seinen Stern aufgehen sehen und sind gekommen, ihm zu huldigen. Als König Herodes das hörte, erschrak er und ganz Jerusalem mit ihm. Er ließ alle Hohenpriester und Schriftgelehrten des Volkes zusammenkommen und forschte sie aus, wo der Messias geboren werden solle. Sie antworteten ihm: in Betlehem in Judäa. Denn so steht beim Propheten geschrieben: Du, Betlehem im Land Juda, bist keineswegs die geringste unter den führenden Städten Judas; denn aus dir wird ein Herrscher hervorgehen, der mein Volk Israel weiden wird. Da rief Herodes die Magier heimlich zu sich und horchte sie aus, wann ihnen der Stern erschienen war. Dann schickte er sie nach Betlehem und sagte: Geht und forscht sorgfältig nach dem Kind; und sobald ihr es gefunden habt, lasst es mich wissen, damit auch ich komme und ihm huldige. Nachdem sie den König angehört hatten, brachen sie auf. Und der Stern, den sie hatten aufgehen sehen, zog vor ihnen her, bis er ankam und über dem Ort stehen blieb, wo das Kind war. Als sie den Stern erblickten, hatten sie eine überaus große Freude. Sie traten in das Haus ein und sahen das Kind mit Maria, seiner Mutter, fielen nieder und huldigten ihm. Dann öffneten sie ihre Schätze und brachten ihm Geschenke dar, Gold, Weihrauch und Myrrhe. Und da sie im Traum die Weisung empfangen hatten, nicht zu Herodes zurückzukehren, zogen sie auf einem anderen Weg heim in ihr Land.

Weihnachtsbotschaft der Bibel
Matthäusevangelium 2, 1–12

Ein Stern ist aufgegangen

Ein Stern ist aufgegangen
ein Stern aus Jakobs Haus,
drei Weise sahn ihn prangen,
drei Kön'ge zogen aus.

Zu schauen sie begehrten
das Kindlein wert und hold,
und Weihrauch sie bescherten
und Myrrhe ihm und Gold.

Weihrauch dem Gotteserben,
dem Königskinde Gold,
die Myrrhe ihm, der sterben
für uns am Kreuze wollt.

Dank, dass du uns berufen
aus tiefer, tiefer Nacht
zu deines Thrones Stufen,
zu deines Lichtes Pracht!

Lass alle Völker sehen
hell leuchtend deinen Stern,
ihn sehen und verstehen
und finden ihren Herrn.

Guido Maria Dreves

Sterne wiesen den Weisen den Weg

ADALBERT LUDWIG BALLING

Es hörte sich alles wie ein schönes Märchen an. So jedenfalls empfanden wir als Kinder. Da war von Kamelen die Rede, von Dromedaren, vom Reichtum der Meere, von den Schätzen der Völker – und Saba wurde genannt, ein sagenumwobenes Land, reich an Weihrauch und Gold.

Sterndeuter, wir nannten sie Magier, Weise oder Könige, waren aus dem Morgenland gekommen und hatten nach dem „neugeborenen König der Juden" gefragt. Sie waren einem Stern gefolgt, hatten offensichtlich außergewöhnliche astrologische Kenntnisse und geheimnisvolle Botschaften. Vieles, was später über sie berichtet wurde, sind fromme Legenden, und doch weisen auch diese Erzählungen auf Männer von vornehmer Herkunft hin. Gold, Weihrauch und Myrrhe waren ihre Geschenke. So weit, so märchenhaft schön. Schon als Kinder verbanden wir mit den Kamelen endlose Wüstenritte und exotische Karawanenwege, aber auch Oasen, Palmen und Datteln.

Mit den „Drei Königen" wurde uns auch das Fernweh ins Haus geliefert und die Sehnsucht der Menschen nach mehr als irdischen Schätzen. Das unstillbare Verlangen, einem „höheren Herrn" zu dienen. Dass es Sterne waren, die den Weg wiesen, das unterstrich nur umso mehr unser tiefes Verlangen nach Überirdischem, Jenseitigen.

Ich glaube, irgendwann spürt jeder Mensch: Macht, Ehre, Reichtum, Geld und Gold machen allein nicht glücklich … „Sterne" weisen auch uns den Weg: die Gebote Gottes. Die Weisungen Jesu. Das Leben der großen Heiligen. All jene, die uns zu Gott hinführen, indem sie vorleben, was andere nur predigen.

Wir sind Königskinder

Anselm Grün

Im Matthäusevangelium sind es nicht die Hirten, die das Kind anbeten, sondern die Magier, die Sterndeuter, die Traumdeuter, die Männer aus dem Orient, aus der Ferne, die Vertreter der Heiden. Die Tradition hat in ihnen Könige gesehen. Drei Könige sind es, weil sie für die drei Bereiche des Menschen stehen, für Leib, Seele und Geist, für Verstand, Gefühl und Willen. Königliche Menschen sind es, die sich ihrer Würde bewusst sind. Und dennoch fallen sie nieder vor dem göttlichen Kind, weil sie in ihm etwas erkennen, was ihnen fehlt. In diesem Kind strahlt Gott selbst auf. Und wenn Gott in einem Menschen aufleuchtet, dann wird der Mensch zu dem, der er eigentlich sein soll, zu dem unverfälschten und einmaligen Bild Gottes, zu dem einzigartigen Ausdruck Gottes in der Welt. Der wahre König ist der, in dem Gott herrscht. Wenn Gott in uns herrscht, dann hat kein Mensch Macht über uns, dann sind wir von niemandem abhängig, dann sind wir wahrhaft königliche Menschen.

Die Magier finden das Kind und fallen vor ihm nieder, um es anzubeten. Und sie breiten ihre Schätze aus: Gold, Weihrauch und Myrrhe. In ihren Gaben wird deutlich, wer das Kind Mariens ist. Es ist ein Königssohn. Ihm gilt das Gold. Gold weist auf den Glanz hin, der den König umgibt. Gott selbst ist in diesem Kind Mensch geworden. Dem Gottessohn gilt der Weihrauch, der aufsteigt zum Himmel und den Himmel öffnet über unserem Leben. Und diese Kind ist der Heiland. Es wird die Menschen heilen, vor allem von der Wunde, die sie am meisten bedrückt, von der Wunde des Todes. Dafür steht die Myrrhe, das Heilmittel aus dem Paradies, das alle unsere Wunden zu heilen vermag.

Die drei Magier zeigen auch, wer wir eigentlich sind, welchen Traum Gott von uns geträumt hat. Wir sind königliche Menschen, Königssöhne und Königstöchter. König ist der, der selber lebt, anstatt von außen gelebt zu werden, der selbst herrscht, anstatt von anderen beherrscht zu werden. König ist der ganze Mensch, der zu sich und in sich steht.

Und wir sind in Jesus Christus selbst zu göttlichen Menschen geworden. Gott hat unsere sterbliche Natur verwandelt. In unserer Tiefe sind wir eins mit ihm. Darin besteht unser wahres Wesen. Weil Gott uns in der Geburt seines Sohnes vergöttlicht hat, brauchen wir uns nicht wie Götter zu gebärden, die sich über die Menschen stellen. Wir haben es nicht mehr nötig, irgendwelchen Götzen nachzulaufen. Das göttliche Leben ist in uns. Tief in unserer Seele sind wir schon am Ziel. Da steigt der Weihrauch unserer Sehnsucht auf zum Himmel, in dem wir wahrhaft zu Hause sind.

Königskinder sein

Unsere Sehnsucht weitertragen
in all unsere Begegnungen
die erzählen vom Geheimnis der Menschwerdung

Unsere Sehnsucht weitertragen
in all unsere Aktivitäten
die die Menschenfreundlichkeit Gottes
aufscheinen lassen

Unsere Sehnsucht weitertragen
im Raum-Schaffen
für die königliche Würde eines jeden Menschen

Unsere Sehnsucht weitertragen
im Pflegen eines schöpfungszentrierten Rhythmus
um Erde und Himmel miteinander zu verbinden

Pierre Stutz

Dreikönigslegende

Heinz Josef Algermissen

Kaum hatten die drei vornehmen Gäste aus dem Morgenland auf höheren Befehl Betlehem verlassen, nahten sich drei andere Gestalten. Sie kamen ohne Gefolge, unauffällig und unansehnlich. Der Erste von ihnen ging in Lumpen und schaute hungrig umher. Hohle Augen, die zu viel Leid gesehen hatten, saßen in tiefen Höhlen. Der Zweite ging vornüber geneigt. Er trug an den Händen Ketten. Vom langen Tragen und von der weiten Reise war er wundgescheuert. Der Dritte hatte wirre Haare, verzweifelte Augen und einen unsteten und suchenden Blick, als ob er nach etwas Verlorenem Ausschau hielt.

Die Leute, die um das Haus des Neugeborenen standen, wichen scheu zurück. Dann rückten sie zusammen und schienen beinahe einen Gürtel um das Haus zu legen, um die drei am Eintritt zu hindern. Immer stärkeres Gemurmel erhob sich gegen die seltsamen Ankömmlinge. Da wurde von innen die Tür geöffnet. Josef trat heraus. Er beschwichtigte die Leute und sprach: „Zu diesem Kind hat jeder Zutritt, arm oder reich, elend oder vornehm, anständig oder unanständig, vertrauenswürdig oder verdächtig. Es gehört niemandem allein. Nicht einmal uns, seinen Eltern. Lasst sie also herein!“

Dann stand die drei vor der Krippe und betrachteten lange und stumm das Kind. Bei diesem Anblick wusste keiner mehr, wer ärmer war: das Kind auf dem Strohlager oder seine Betrachter. Alle schienen in dieselbe Niedrigkeit eingetaucht zu sein, der in Lumpen, der mit der Kette, der mit dem traurigen Blick und das Kind.

Da brach Josef das Schweigen. Es drängte ihn, seinen großen Dank für das Empfangene nun auch diese Armseligen spüren zu lassen. In einer Nische der Wand neben der Krippe leuchteten die drei Gaben, welche die vornehmen Besucher hingelegt hatten. Er hob sie auf und streckte sie den Fremden entgegen: dem Zerlumpten das Gold, dem Gefesselten die Myrrhensalbe und dem Traurigen den Weihrauch.

Doch die drei schüttelten einmütig Hände und Köpfe. Der Erste antwortete: „Ich danke dir für dein großes Angebot. Aber sieh mich an! Wer bei mir Gold findet, wird mich sogleich als Dieb verdächtigen." Der Zweite antwortete: „Ich habe mich an meine Wunden gewöhnt und bin an ihnen zäh und stark geworden. Behalte die Myrrhe für dein Kind. Wenn es geschundene Hände und Füße haben wird, kann sie ihm helfen." Der Dritte antwortete: „Ich komme aus der Welt der Religionen und Philosophen. Ich bin an ihnen irre geworden und glaube nichts mehr. In der Wüste des Denkens habe ich Gott verloren. Was soll mir da der Weihrauch? Er würde nur meine Zweifel umnebeln. In seinem blauen Dunst würde er mir leere Bilder vorgaukeln. Aber er könnte mir Gott nicht ersetzen."

Darauf traten die drei ganz nahe hin zum Kind und sprachen: „Du bist nicht aus der Welt des Goldes, der Myrrhe und des Weihrauchs – so wenig wie wir. Du gehört in unsere Welt der Not und der Plage, des Elends und Zweifels. Darum bringen wir dir dar, was uns und dir gemeinsam ist."

Der Erste nahm einige seiner Lumpen, legte sie auf das Stroh und sprach: „Nimm meine Lumpen. Du wirst sie einst tragen, wenn sie dir deine Kleider vom Leib reißen und du allein und nackt sein wirst. Gedenke dann meiner." Der Zweite nahm eine seiner Ketten und legte sie dem Kind neben die Hand. „Nimm meine Fesseln. Man wird sie dir einst umlegen, wenn man dich wegführt. Denke dann an mich." Der Dritte beugte sich tief über das Kind und sprach: „Nimm meinen Zweifel und meine Gottverlassenheit. Ich habe sonst nichts. Ich kann sie allein nicht tragen, sie sind mir zu schwer. Teile sie mit mir. Nimm sie ganz in dich auf, schreie sie aus und trage sie vor Gott hin."

Nach langem Schweigen erhoben sich die drei. Sie streckten sich aus, als ob etwas Schweres von ihnen gefallen wäre. Sie hatten den Ort gefunden, wo sie ihre Last niederlegen konnten. Sie wussten, dass bei diesem Kind alles in treuen Händen bewahrt und bis zuletzt durchgehalten würde: die Not, die Plage und die Gottverlassenheit. Mit zuversichtlichem Blick und festem Schritt traten sie aus dem Haus, hinaus in ihr mitgetragenes Elend.

Zurück in den Alltag

Andrea Schwarz

Die Erzählung von den „Heiligen Drei Königen“ liest sich fast wie eine schöne Reportage von einem frühen Königshof. Diese Geschichte aber will von der Wirklichkeit erzählen und darauf weist der Schluss der Erzählung hin: Die drei Weisen gehen zurück in ihr Heimatland.

Das kann einen doch schon verwundern: Nach einem so langen Weg, den sie auf sich genommen haben, nach all den Entbehrungen und Anstrengungen, nach all der Freude, die sie empfanden, nachdem sie Josef, Maria und das Kind fanden, gehen sie nun einfach heim.

Wäre die Geschichte ein Märchen, dann würden sie sicher diesem neuen König einen prächtigen Hofstaat aufbauen – sie würden ihn vielleicht gegen die Nachstellungen des Herodes schützen – oder sie würden ihm einfach als Berater zur Seite stehen ... und wenn ihre Freude wirklich so groß war, warum sind sie denn dann nicht einfach geblieben?

Es waren wohl wirklich weise Männer, die darum gewusst und gespürt haben, dass dieser Zeitpunkt, dieser Moment ihres Lebens gelebt werden kann und darf – aber dass er nicht festzuhalten ist –, dass diese tiefe menschliche Sehnsucht nach „Angekommen-Sein“, nach „Erfüllt-Sein“ auf Erden nicht endgültig zu stillen ist. Und doch drängt es den Menschen danach, eben solche Augenblicke höchsten Glücks festzuhalten, in denen er um die Erfüllung seiner Sehnsucht ahnt ... Der schöne Augenblick lässt sich nicht konservieren, nicht einfrieren und haltbar machen – es folgt dem Ankommen auch immer wieder der Aufbruch ...

Das scharfe Wort aus dem apokryphen Thomas-Evangelium kommt mir in den Kopf: „Werdet Vorübergehende!“ und Augustinus' Aussage: „Unruhig ist mein Herz, bis es ruht in dir!" … das Volk Israel, in Nacht und Nebel zum Aufbruch getrieben, macht sich auf seine lange Wanderschaft … Ob wir Christen etwa Menschen sein sollen, die ohne Heimat sind?

Das kann es ja wohl nicht heißen – aber vielleicht sind Christen Menschen, die eine *andere* Heimat haben? Die ihre Heimat in Gott suchen und sich nicht an dem vorläufig Irdischen festhalten? Sich nicht festhalten an Geld und Besitz, an Macht und Meinungen, an Menschen und einer Scheingeborgenheit? Oder, anders herum gesehen: Christen als Menschen, die loslassen können? Die in Offenheit für den Moment leben können, für den Kairos, der unangemeldet plötzlich da ist, für den Anruf Gottes mitten im Alltag meines Lebens …

Und ich denke an diese Heiligen Drei Könige, die auf dem Heimweg sind … die eine andere Wirklichkeit erfahren haben, eine Begegnung mit der neuen Botschaft, die sie verändert hat. Sie kehren anders in ihre Heimat heim – weil sie den Gedanken an den neuen König im Herzen tragen. Und weil sie sich verändert haben, wird nun auch ihre Heimat eine andere sein. Die Begegnung mit diesem Jesus lässt nichts mehr so sein, wie es vorher war … und genau diese Veränderung sollen wir Christen in diese Welt hineintragen, in das, was bisher unser Alltag, unsere Heimat war – die sich schon damit ändert, dass ich mich ändere …

Noch wehre ich mich ein bisschen – ich habe Angst vor den Konsequenzen einer solchen Radikalität … und ahne doch schon darum, dass, einmal auf diesem Weg, Umkehr nicht mehr gefragt ist … die Melodie des Lebens ist im Kopf drin und will nicht mehr heraus …

Ich finde es jedenfalls ganz tröstlich, dass die Heiligen Drei Könige nicht allein unterwegs waren, sondern zu mehreren … meine Kraft kann andere stützen, und ich werde durch die Kraft anderer gestützt.

Voran leuchtet der Stern

Karl Rahner

Ein neues Jahr hat begonnen. Auch in diesem Jahr ziehen alle Wege vom Morgenland zum Abendland durch die Wüsten des Lebens endlos an Vergänglichkeit vorbei. Aber man kann auf ihnen die selige Reise der Pilgerschaft zum Absoluten machen, die Reise zu Gott. Brich auf, mein Herz, und wandre. Es leuchtet der Stern.

Viel kannst du nicht mitnehmen auf den Weg. Und viel geht dir unterwegs verloren. Lass es fahren. Gold der Liebe, Weihrauch der Sehnsucht, Myrrhe der Schmerzen hast du ja bei dir. Er wird sie annehmen. Und wir werden finden.

7

Segen für das neue Jahr

Das alte Jahr vergangen ist

Das alte Jahr vergangen ist;
so danke Gott zu dieser Frist,
dass er dich hat in aller G'fahr
so gnädiglich behüt dies Jahr.

Der Gott, der in den Himmeln wohnt
und über allen Engeln thront,
er sei dir nah bei Tag und Nacht
und geb auf deine Schritte Acht!

Geschrieben steht in seiner Hand
dein Name, eh du ihn gekannt.
In seinem Schutze geh einher.
Er ist dein Gott – was willst du mehr?

Weise aus dem Allgäu
Worte nach Heinrich Bone (1813–1893)

Er schenke dir Frieden

Der HERR segne dich und behüte dich!
Der HERR lasse sein Angesicht über dich leuchten
und sei dir gnädig!
Der HERR erhebe sein Angesicht hin zu dir
und schenke dir Frieden!

Segensbotschaft der Bibel
Numeri / 4 Mose 6,24–26

Irischer Neujahrssegen

Möge im Neuen Jahr
deine linke Hand niemals so leer sein,
dass du den kommenden Tag fürchtest,
und deine rechte Hand niemals so voll,
dass du Freunde nicht willkommen heißt.

Möge Gott dir mehr Zeit schenken

Möge Gott dir im Neuen Jahr mehr Zeit schenken,
zu danken als zu klagen.
Mögen deine Freuden nach Tagen,
aber dein Kummer nach Stunden zählen.
Mögen die Zeiten selten sein,
an denen du deine Freunde entbehrst,
und kurz die Augenblicke
in der Gesellschaft von Dummköpfen.
Mögen alle Tränen des kommenden Jahres
Tränen der Freude sein.

Nach irischen Segenswünschen

Zukunftsfähigkeit

Joachim Wanke

Menschen nähern sich dem Jahreswechsel immer mit gemischten Gefühlen. Hoffnungen und Ängste sind eng ineinander verworben. Besonders junge Menschen fragen nach Zeichen, die wirklich Hoffnung geben können. Sie sind besorgt über die offensichtliche Unbelehrbarkeit des Menschengeschlechtes, aus vergangenen Fehlern zu lernen. Maria beginnt ihr Lied der Hoffnung mit dem Lobpreis Gottes: „Meine Seele preist die Größe des Herrn, und mein Geist jubelt über Gott, meinen Retter“ (Lukas 1,46–55). Das ist schön und gut – aber gibt es nicht wichtigere oder aktuellere Themen als Gotteslob und Anbetung? Themen, die die Nützlichkeit des Glaubens deutlich machen?

Ich meine: Der christliche Glaube verträgt nicht, wenn er funktionalisiert, auf eine innerweltliche Nützlichkeit hin zurechtgestutzt wird ... Die Mitte unseres Glaubens ist das selbstlose, zweckfreie Lob Gottes. Was unseren Glauben und uns als Christen unverwechselbar macht, ist die Anbetung Gottes. Ich bin überzeugt, dass gerade dieser „zwecklose“ Lobpreis Gottes Menschen wahrhaft menschlich macht: nämlich frei und nicht manipulierbar.

Wer Gott preist, wird wirklich frei. Er kommt zu sich selbst, er braucht sich nicht in Dinge, in seine Stärken, in seine Rechte und Pflichten zu verkrampfen, als ob davon sein Leben abhinge. Das heißt nicht, dass wir das alles nicht ernst nehmen würden. Im Gegenteil: Wahrer Lobpreis Gottes macht uns realistisch und engagiert zugleich: realistisch darin, die Erde nicht vorschnell zum Paradies machen zu wollen, und engagiert darin, jedwede Resignation zu bekämpfen.

Ein verlässlicher Halt

Wolfgang Huber

In einem jungen Menschen Vertrauen zu wecken und ihn dahin zu führen, dass dieses Vertrauen einen tieferen Grund, einen verlässlicheren Halt hat als das Vertrauen, das mich selbst mit diesem Kind verbindet: das ist ein Lebenshalt von großer Bedeutung. Es gibt diesen tieferen Lebenshalt: das Vertrauen auf Gott.

Auf dieser Grundlage beruht eine Lebensform, die sich bewährt hat und die viel Verheißung in sich trägt. Für diese Lebensform steht das Wort: Liebe. In einem Kind Liebe so zu wecken, dass es diese Liebe erfährt und auch mit anderen teilen kann, ist mehr als man „sagen" kann. Darüber kann man allerdings viel erzählen.

Mit Kindern zusammen möchte ich eine Lebenshaltung einüben, die von Hoffnung bestimmt ist, die an Enttäuschungen nicht zerbricht, die vor Versagen nicht kapituliert.

Glaube, Liebe und Hoffnung sind es also, die ich der nächsten Generation weitergeben will. Für diese Lebensform hält die biblische Botschaft des Alten und des Neuen Testaments – wie auch die Geschichten der Christenheit – viele ermutigende Beispiele bereit.

Ich wünsche ein gutes Jahr

Phil Bosmans

Ich wünsche von ganzem Herzen ein gutes Jahr. Ein gutes Jahr für dich und für alle Menschen. Gib anderen die Hand, die schon lange keinen Händedruck mehr von dir bekommen haben. Gib ihnen die Hand mit einem Herzen voller guter und ehrlicher Wünsche.

Ein neues Jahr beginnt. Mach ein gutes Jahr daraus. Lass deine Sympathie spürbar werden zu Hause, in der Schule, am Arbeitsplatz, überall, wo du auch lebst. Halte die giftige Zunge im Zaum. Sei bereit, Feindseligkeiten beizulegen. Mach Menschen glücklich, deinen Mann, deine Frau, deine Kinder, deine Angehörigen, alle, mit denen du zusammen lebst, glücklich durch das, was du sagst und tust und wie du zu ihnen bist. Denn du brauchst ihr Glück, um glücklich zu sein.

Tausend schöne Sterne

Tausend schöne Sterne
für das Neue Jahr!
Blumen sollen für dich blühen.
Und ich bitte die Vögel,
dass sie für dich singen,
und die Sonne, dass sie dir scheint,
und alle Sterne, dass sie dir leuchten
in deinen dunklen Nächten.

Phil Bosmans

Dann leuchtet ein Stern

Wenn du versuchst, so zu leben,
wie Gott dich gemeint hat,
wenn du dein ursprüngliches Bild
in dieser Welt sichtbar werden lässt,
dann trägst du dazu bei,
dass diese Welt heller und heiler wird.

Wenn wir miteinander so leben,
wie Gott es uns zutraut,
dann werden wir immer mehr
die Nacht dieser Welt erleuchten
und zu Lichtträgern der Hoffnung werden.

Dort wo du lebst,
leuchtet dann mitten in der Nacht
ein Stern,
auch wenn er noch so klein ist.
Aber dieser eine Stern
verwandelt die Nacht.

Anselm Grün

Der Rhythmus des kommenden Jahres

Rainer Haak

Jedes Jahr verläuft nach dem gleichen, unveränderlichen Rhythmus. Es gibt den Neuanfang im Frühling, den schönen, warmen Sommer, den stürmischen Herbst, den kalten Winter.

Es gibt Wachsen, Reifen, Ernten und Ruhen.

Wie im Jahreslauf gibt es auch in meinem Leben einen Rhythmus. Höhepunkte und scheinbare Tiefpunkte wechseln sich ab. Ich merke so, dass auch ich ein Stück Natur bin.

Um glücklich zu sein, brauche ich die richtige Balance in meinem Leben: Arbeit und sinnvolle Aufgaben, aber auch Freizeit, Erholung und Muße. Essen und Trinken, Kleidung und ein Dach über dem Kopf, aber auch Musik, Gedichte und Bilder.

Ich brauche den Winter, die Zeit des Abschieds und der Zurückgezogenheit, und den Sommer, das pralle, volle Leben draußen in der weiten Welt.

Mit Menschen, die ich gern habe, denen ich vertraue, um einen großen Tisch versammelt, am Felsufer oder auf einer Wiese, mit fröhlichen Liedern oder besinnlichen Geschichten, im Hochsommer oder im tiefen Winter, früh am Morgen oder nach Einbruch der Dunkelheit, glücklich und voll Freude oder traurig und niedergeschlagen, im Mittelpunkt oder am Rand – verliebt ins Leben …

Geschenkte Zeit

Herr des Lebens,
lass uns jeden Abschnitt unseres Lebens
als Geschenk auskosten,
das voll weiterer Verheißungen ist.
Lass deinen Willen mit Liebe an uns geschehen,
indem du uns jeden Tag
in deine barmherzigen Arme nimmst.
Und wenn der Augenblick
des endgültigen Übergangs gekommen ist,
lass uns ihn mit heiterem Herzen antreten,
ohne dem nachzutrauern, was wir zurücklassen.
Denn wenn wir nach langer Suche
dir begegnen,
werden wir jeden echten Wert wiederfinden,
den wir hier auf Erden erfahren haben …

Johannes Paul II.

Zusage

du brauchst nicht
das Unmögliche möglich zu machen
du brauchst nicht
über deine Möglichkeiten
zu leben
du brauchst dich nicht
zu ängstigen
du brauchst nicht
alles zu tun
du brauchst
keine Wunder zu vollbringen
du brauchst dich nicht
zu schämen
du brauchst nicht
zu genügen
du brauchst Erwartungen an dich
nicht zu entsprechen
du brauchst
keine Rolle zu spielen
du brauchst nicht immer
kraftvoll zu sein

und du brauchst nicht
alleine zu gehen

Andrea Schwarz

Vater unser verborgen

Vater unser verborgen,
dein Name sei sichtbar in uns,
dein Königreich komme auf Erden,
eine Welt nach deinem Willen,
mit Bäumen bis in den Himmel,
wo Wasser, Schönheit und Brot,
Gerechtigkeit ist und Gnade.

Wo Frieden endgültig errungen,
wo Trost und Vergebung ist
und Menschen sprechen wie Menschen,
wo Kinder hellwach und jung sind,
Tiere nicht länger gepeinigt,
nie ein Mensch mehr gemartert,
nicht ein Mensch mehr geknechtet.

Lösch die Hölle in uns,
leg dein Wort uns ans Herz,
brich die eisernen Mächte,
brich das Böse entzwei.

Von dir ist die Zukunft,
komme, was kommt.

Huub Oosterhuis

Quellenverzeichnis

Heinz Josef Algermissen, Morgenstern in finst'rer Nacht. Ein Begleiter für die Advents- und Weihnachtszeit. Verlag Herder Freiburg im Breisgau 2005.

Adalbert L. Balling, Das große Sonntagslesebuch. Ein Schlüssel zu den Evangelientexten im Kirchenjahr. Verlag Herder Freiburg im Breisgau 2004.

Benedikt XVI./Joseph Ratzinger, Der Segen der Weihnacht. Meditationen. © Verlag Herder Freiburg im Breisgau 2005/© Libreria Editrice Vaticana, Città del Vaticano.

Benedikt XVI., Wer glaubt, ist nie allein. Worte der Ermutigung. Hg. von Burkhard Menke. © Verlag Herder Freiburg im Breisgau 2005/© Libreria Editrice Vaticana, Città del Vaticano.

Leonardo Boff, Mensch geworden. Das Evangelium von Weihnachten. Verlag Herder Freiburg im Breisgau 1986.

Dietrich Bonhoeffer, Widerstand und Ergebung. Briefe und Aufzeichnungen aus der Haft. Hg. von Eberhard Bethge. © Chr. Kaiser / Gütersloher Verlagshaus.

Phil Bosmans, Mit allen guten Wünschen. Grußbotschaften für jeden Anlass. Neuausgabe. Verlag Herder Freiburg im Breisgau 2005.

[Phil Bosmans,] Weihnachten mit Phil Bosmans. Verlag Herder Freiburg im Breisgau ³2001.

Anthony de Mello, Die Fesseln lösen. Einübung in erfülltes Leben. Neuausgabe. Verlag Herder Freiburg im Breisgau 2005.

Frère Roger, Taizé, Gott kann nur lieben. Erfahrungen und Begegnung. Edition Taizé im Verlag Herder Freiburg im Breisgau 2002.

Frère Roger, Taizé, In allem ein innerer Friede. Ein Jahresbegleitbuch. Völlig überarbeitete Neuausgabe 2003. Edition Taizé im Verlag Herder Freiburg im Breisgau 2003.

Anselm Grün, Die Freude wird vollkommen sein. Die Botschaft des Paulus an die Christen in Philippi. Ein „bibel leben"-Buch, hg. von Andrea Schwarz. Verlag Herder Freiburg im Breisgau 2005, 68f. (adaptiert).

Anselm Grün, Mit Herz und allen Sinnen. Jahreslesebuch. Verlag Herder Freiburg im Breisgau Sonderausgabe 2005.

Anselm Grün, Weihnachtlich leben. Verlag Herder Freiburg im Breisgau ⁴2002.

Anselm Grün (mit Michael Reepen), Heilendes Kirchenjahr. © Vier-Türme-Verlag Münsterschwarzach 2001.

Rainer Haak, Gras unter meinen Füßen. 366 gute Gedanken durch das Jahr. Verlag Herder Freiburg im Breisgau 2004.

Wolfgang Huber / Margot Käßmann / Manfred Kock im Gespräch mit Wilfried Köpke, Wenn eure Kinder morgen fragen. Zur Zukunft der evangelischen Kirche. Verlag Herder Freiburg im Breisgau 2005.

Johannes Paul II., Meine Gebete für euch. Verlag Herder Freiburg im Breisgau 2004; Originalausgabe „Le mie preghiere per voi". © 2001 by Editioni Piemme, Spa.

Margot Käßmann / Joachim Wanke (Hg.), Bei uns alle Tage. Das Matthäusevangelium als Jahresbegleiter. Mit Aquarellen von Andreas Felger und Auslegungen von Bruder Franziskus Joest. Verlag Herder Freiburg im Breisgau 2004.

Margot Käßmann / Joachim Wanke (Hg.), Heute seine Stimme hören. Das Lukasevangelium als Jahresbegleiter. Mit Aquarellen von Andreas Felger und Auslegungen von Bruder Franziskus Joest. Verlag Herder Freiburg im Breisgau 2003.

Bertram Kircher (Hg.), Die Bibel in den Worten der Dichter. Verlag Herder Freiburg im Breisgau 2005.

Henri Nouwen, Nach Hause finden. Wege zu einem erfüllteren Leben. Verlag Herder Freiburg im Breisgau 2004.

Henri Nouwen, Höre auf die Stimme, die Liebe ist. Geistliche Deutung der Geschichte von Jesus. Mit Illustrationen von Rembrandt. Hg. von Michael O'Laughlin. Verlag Herder Freiburg im Breisgau 2003.

[Henri Nouwen,] Weihnachten mit Henri Nouwen. Texte für alle Tage der Advents- und Weihnachtszeit. Ausgewählt und hg. von Franz Johna. Verlag Herder Freiburg im Breisgau 2. Aufl. 2001.

Huub Oosterhuis, Ich steh vor dir. Meditationen, Gebete und Lieder. Hg. von Cornelis Kok unter Mitarbeit von Birgitta Kasper-Heuermann und Annette Rothenberg-Joerges. Verlag Herder Freiburg im Breisgau ²2005.

Maria Otto (Hg.), Teile mit mir die gute Gabe. Indianische Weihnacht. Verlag Herder Freiburg im Breisgau 1987.

Maria Otto / Ludger Hohn-Morisch (Hg.), Das Lächeln Gottes. Gebete unserer Zeit. Verlag Herder Freiburg im Breisgau 2003.

Karl Rahner, Das große Kirchenjahr. Hg. von Albert Raffelt. Verlag Herder Freiburg im Breisgau ⁴1992.

Karl Rahner, Worte gläubiger Erfahrung. Hg. von Alice Scherer. Neuausgabe. Verlag Herder Freiburg im Breisgau 2004.

Anton Rotzetter, Du Atem meines Lebens. Ausgewählte Gebete. Verlag Herder Freiburg im Breisgau 2005.

Anton Rotzetter, Der Stern des Messias. Psalmbetrachtungen für Advent und Weihnachten. Verlag Herder Freiburg im Breisgau 2004.

Andrea Schwarz, Und jeden Tag mehr leben. Ein Jahreslesebuch. Mit zwölf illustrierten Monatsseiten von Thomas Plassmann, Verlag Herder Freiburg im Breisgau 2. Aufl. 2004.

Andrea Schwarz, Wenn ich meinem Dunkel traue. Auf der Suche nach Weihnachten. Verlag Herder Freiburg im Breisgau [8]2001.

Dorothee Sölle, Maria. Eine Begegnung mit der Muttergottes. Verlag Herder Freiburg im Breisgau 2005.

Christa Spilling-Nöker, Vom Engel, der die Welt verwandeln wollte. Und andere Weihnachtsengelgeschichten. Verlag Herder Freiburg im Breisgau 2003.

Christa Spilling-Nöker / Margret Bernard-Kress, Engel verkünden den Frieden. Der meditative Adventskalender. Verlag Herder Freiburg im Breisgau 2005.

Pierre Stutz, Der Stimme des Herzens folgen. Jahreslesebuch. Verlag Herder Freiburg im Breisgau 2005.

Textnachweis

S. 15: Frère Roger, Taizé, Gott kann nur lieben 23f.
S. 21: Spilling-Nöker, Engel verkünden den Frieden (3. Dez.).
S. 22: Nouwen, Nach Hause finden, S. 82–91 (Auszug, gekürzt).
S. 24: Otto / Hohn-Morisch (Hg.), Das Lächeln Gottes 148f.
S. 25: Benedikt XVI. / Joseph Ratzinger, Der Segen der Weihnacht 22f.
S. 26: Schwarz, Wenn ich meinem Dunkel traue 29–33 (Auszug).
S. 28: De Mello, Die Fesseln lösen 35f.
S. 30: Grün, Heilendes Kirchenjahr, zit. nach: Mit Herz und allen Sinn 362.
S. 31: Weihnachten mit Phil Bosmans 24.
S. 32: Rotzetter, Du Atem meines Lebens 44f.
S. 40: Benedikt XVI. / Joseph Ratzinger, Der Segen der Weihnacht, 25–28.
S. 42: Käßmann, Bilder der Heiligen Familie; in: Käßmann / Wanke (Hg.), Bei uns alle Tage 168f.
S. 44: Ludwig Thoma, Heilige Nacht; zit. nach: Kircher (Hg), Die Bibel in den Worten der Dichter 388.
S. 45: Sölle, Maria 67–69.
S. 46: Johannes Paul II., Meine Gebete für euch 102.
S. 47: Kamphaus, Lichtblicke 387.
S. 48: Andrea Schwarz, Und jeden Tag mehr leben 35.
S. 49: Weihnachten mit Henri Nouwen 70.
S. 49: Haak, Gras unter meinen Füßen (3. Dez.).
S. 50: Bonhoeffer, Widerstand und Ergebung (Brief vom Heilig Abend 1943).
S. 51: Stutz, Der Stimme des Herzens folgen 385.
S. 57: nach Rotzetter, der Stern des Messias 157; 63; 130; 32.
S. 58: Nouwen, Höre auf die Stimme, die Liebe ist 39f.
S. 59: Benedikt XVI., Wer glaubt, ist nic allein 35.
S. 59: Johannes Paul II., Meine Gebete für euch 30.
S. 60: Schwarz, Wenn ich meinem Dunkel traue 87.
S. 61: Algermissen, Morgenstern in finst'rer Nacht 33–37.
S. 64: Annette von Droste-Hülshoff, Zu Betlehem, da ruht ein Kind; zit. nach: Kircher (Hg.), Die Bibel in den Worten der Dichter 389.
S. 65: Oosterhuis, Ich steh vor dir 103
S. 66: Boff, Mensch geworden (Auszüge).

S. 68: Schwarz, Wenn ich meinem Dunkel traue 82.
S. 69: Stutz, Der Stimme des Herzens folgen 384.
S. 75: Siegbert Stehmann, Die Hirten; zit. nach: Kircher (Hg.), Die Bibel in den Worten der Dichter 393.
S. 76: Grün, Weihnachtlich leben 16–18 (Auszug).
S. 77: Käßmann, Weihnachten, in: Käßmann / Wanke (Hg.), Heute seine Stimme hören 172–174 (adaptiert).
S. 79: Otto / Hohn-Morisch (Hg.), Das Lächeln Gottes 152f.
S. 80: Balling, Das große Sonntagslesebuch 254–255 (Auszug).
S. 81: Erzählt von N. Scott Momaday (Tsoai-talee), ins Deutsche übertragen von Maria Otto, zit. nach: Otto (Hg.), Teile mit mir die gute Gabe 31–40 (Auszug).
S. 88: © der deutschen Übertragung: Ulrich Sander 2005.
S. 91: Spilling-Nöker / Bernard-Kress, Engel verkünden den Frieden (25. Dez.).
S. 92: Weihnachten mit Phil Bosmans 46–48 (Auszug).
S. 93: Käßmann, Ankündigung eines Besuchs, in: Käßmann / Wanke (Hg.), Heute seine Stimme hören 157–159 (Auszug).
S. 95: Grün, Weihnachtlich leben 18–20 (Auszug).
S. 96: Spilling-Nöker, Vom Engel, der die Welt verwandeln wollte 34–38.
S. 99: Kamphaus, Lichtblicke 379 (Auszug).
S. 100 Schwarz, Wenn ich meinem Dunkel traue 115–116.
S. 101: Johannes Paul II., Meine Gebete für euch 24f.
S. 107: Guido Maria Dreves, Erscheinung des Herrn; zit. nach: Kircher (Hg.), Die Bibel in den Worten der Dichter 400.
S. 108: Balling, Das große Sonntagslesebuch 26–27 (Auszug).
S. 109: Anselm Grün, Weihnachtlich leben 25–27.
S. 111: Stutz, Der Stimme des Herzens folgen 17.
S. 112: Heinz Josef Algermissen, Morgenstern in finst're Nacht 85–89.
S. 115: Schwarz, Wenn ich meinem Dunkel traue 105–108 (Auszug).
S. 117: Rahner, Das große Kirchenjahr 161.
S. 124: Wanke, Zukunftsfähigkeit, in: Käßmann / Wanke (Hg.), Heute seine Stimme hören 169–171 (Auszug).
S. 125: Zit. nach: Huber / Käßmann / Kock, Wenn eure Kinder morgen fragen 51.
S. 126: Weihnachten mit Phil Bosmans 86.
S. 126: Bosmans, Mit allen guten Wünschen. Neuausgabe 59.
S. 127: Anselm Grün, Die Freude wird vollkommen sein 68f. (adaptiert).
S. 128: Haak, Gras unter meinen Füßen (17. 5.; 14. 1.; 29. 1.).
S. 129: Johannes Paul II., Meine Gebete für euch, 54f.
S. 130: Schwarz, Und jeden Tag mehr leben 30.
S. 131: Oosterhuis, Ich steh vor dir 130.

Verzeichnis der Autorinnen und Autoren

HEINZ JOSEF ALGERMISSEN, geb. 1943; seit 2001 Bischof von Fulda. Mitglied der Ökumene-Kommission der Deutschen Bischofskonferenz und seit 2002 Präsident des deutschen Zweiges der internationalen katholischen Friedensbewegung „Pax Christi". Bei Herder: „Morgenstern in finst'rer Nacht. Ein Begleiter durch die Advents- und Weihnachtszeit" (2005).

ADALBERT LUDWIG BALLING, geb. 1933; Marianhiller Missionar, Redakteur und Journalist; Autor vieler erfolgreicher Bücher. Biografisches: „Wer sich erinnert, lebt glücklicher. Tagebuchnotizen"; „Menschen, die mir Mut machten. Ein Rückblick in Dankbarkeit und Liebe" (beide: Missionsverlag Marianhill Würzburg). Zuletzt bei Herder: „Das große Sonntagslesebuch. Ein Schlüssel zu den Evangelientexten im Kirchenjahr" (2004).

BENEDIKT XVI. (Joseph Ratzinger), geb. 1927; 19. April 2005: zum Papst gewählt. Zahlreiche Veröffentlichungen bei Herder. Zuletzt: „Der Segen der Weihnacht. Meditationen" (2005); „Gottes Glanz in unserer Zeit. Meditationen zum Kirchenjahr" (2005); „Wer glaubt, ist nie allein. Worte der Ermutigung" (2005). Biografisches: Heinz-Joachim Fischer, „Benedikt XVI. Ein Porträt"; Ludwig Ring-Eifel, „Der Papst in Deutschland. Unvergessliche Begegnungen mit Benedikt XVI."

LEONARDO BOFF, geb. 1938; katholischer Theologe aus Brasilien; einer der Hauptvertreter der Befreiungstheologie, die versucht, die Kirche auf die Verteidigung der Menschenrechte für die Armen zu verpflichten.

HEINRICH BONE, 1813–1893; Mainzer Gymnasialdirektor und Kirchenlieddichter.

DIETRICH BONHOEFFER, 1906–1945; ev. Pfarrer und Theologe; Widerstandskämpfer gegen das Hitler-Regime und Martyrer. Weltbekannt sind seine Briefe und Aufzeichnungen aus der Haft „Widerstand und Ergebung".

PHIL BOSMANS, geb. 1922; kath. Priester und Ordensmann, Begründer des „Bundes ohne Namen". Zahlreiche Veröffentlichungen (Weltgesamtauflage bei geschätzten über 9 Millionen). Zuletzt bei Herder in Neuauflagen erschienen u.a. „In dir liegt das Glück" (2004); „Mit allen guten Wünschen" (2004).

GUIDO MARIA DREVES, 1854–1909; Jesuit (bis 1905), Hymnenforscher und geistlicher Lyriker.

ANNETTE VON DROSTE-HÜLSHOFF, 1797–1848; bedeutendste deutsche Lyrikerin des 19. Jahrhunderts, Autorin zahlreicher geistlicher Lieder.

FRÈRE ROGER, TAIZÉ, 1915–2005; ev. Pfarrer und Gründer der ökumenischen Bruderschaft von Taizé. Initiator des „Konzils der Jugend", der Europäischen und Interkontinentalen Jugendtreffen und des „Pilgerwegs des Vertrauens auf der Erde". Zuletzt bei Herder: „In allem ein innerer Friede. Ein Jahresbegleitbuch" (2003); „Gott kann nur lieben. Erfahrungen und Begegnungen" (^{2}2004); „Einfach vertrauen. Gedanken und Begegnungen" (2005). Biografisches: Kathryn Spink, „Frère Roger – Gründer von Taizé. Neuausgabe" (2005); Christian Feldmann, „Frère Roger, Taizé. Gelebtes Vertrauen" (2005).

PAUL GERHARDT, 1607–1676; Theologe und – neben Martin Luther – der bedeutendste evangelische Kirchenlied-Dichter Deutschlands.

ANSELM GRÜN, geb. 1945; Dr. theol., Benediktiner, Verwalter der Abtei Münsterschwarzach; geistlicher Berater, Begleiter und Autor höchst erfolgreicher Veröffentlichungen. Zuletzt bei Herder: „Engel – Bilder göttlicher Nähe" (zusammen mit Andreas Felger, gemeinsam mit dem Präsenz-Verlag); „Jeder Tag hat seinen Segen. Morgen- und Abendgebete für die sieben Tage der Woche" (2004); „Komm in Berührung. Jugendgebete" (2005); „Mit Herz und allen Sinnen. Jahreslesebuch. Jubiläumsausgabe" (2005); in der Reihe „bibel leben": „Die Freude wird vollkommen sein. Die Botschaft des Paulus an die Christen in Philippi" (2005).

RAINER HAAK, Schriftsteller und Theologe, in zahlreiche Sprachen übersetzter Autor spiritueller Geschenkbücher. Zuletzt bei Herder: „Gras unter meinen Füßen. 366 guten Gedanken durch das Jahr" (2004); „Alles wird anders. Ich auch. Ein spiritueller Kompass in Zeiten der Veränderung" (2005).

Wolfgang Huber, geb. 1942; Dr. theol., Professor für Sozialethik und systematische Theologie; seit 1994 Bischof der evangelischen Kirche in Berlin-Brandenburg-schlesische Oberlausitz; seit 2003 Ratsvorsitzender der EKD. Zuletzt bei Herder (zusammen mit Margot Käßmann und Manfred Kock): „Wenn eure Kinder morgen fragen. Zur Zukunft der evangelischen Kirche" (2005).

Johannes Paul II. (Karol Wojtyla), 1920–2005; Zuletzt bei Herder: „Meine Gebete für euch" (2003); „Seid ohne Furcht. Worte der Zuversicht" (2005). Biografisches: Ludwig Ring-Eifel, „Johannes Paul II. Der Mensch – der Papst – das Vermächtnis" (2005); Christian Feldmann, „Johannes Paul II. Pilger der Hoffnung" (2005).

Franz Kamphaus, geb. 1932; Dr. theol., seit 1982 Bischof von Limburg. Zahlreiche Veröffentlichungen. Zuletzt bei Herder: „Lichtblicke. Jahreslesebuch" (2001); „Um Gottes willen – Leben. Einsprüche" (2004).

Margot Kässmann, Dr. theol., Mutter von vier Kindern. Landesbischöfin der evangelisch-lutherischen Kirche Hannovers. Zuletzt bei Herder (zusammen mit Joachim Wanke): „Heute seine Stimme hören. Das Lukasevangelium als Jahresbegleiter" (2003); „Bei uns alle Tage. Das Matthäusevangelium als Jahresbegleiter" (2004); „Erfüllt ist die Zeit. Das Markusevangelium als Jahresbegleiter" (2005).

Anthony de Mello, 1931–1987; Jesuit, geistlicher Begleiter und Autor weit verbreiteter Bücher mit Weisheitsgeschichten und zur Meditationspraxis. Zuletzt bei Herder in Neuausgaben: „Die Fesseln lösen. Einübung in erfülltes Leben" (2005); etliche Herder-Spektrum-Taschenbücher.

Henri Nouwen, 1932–1996; gab eine Karriere als Hochschulprofessor auf und schloss sich der von Jean Vanier gegründeten „Arche"-Bewegung eines gemeinsamen Lebens mit behinderten Menschen an. Zuletzt bei Herder: „Höre auf die Stimme, die Liebe ist. Geistliche Deutung der Geschichte von Jesus" (2003); „Nach Hause finden. Wege zu einem erfüllteren Leben" (2004); „Gebete aus der Stille. Mit einer Einleitung von Anselm Grün" (2005).

Huub Oosterhuis, geb. 1933; Priester und Dichter; schreibt seit vielen Jahren für die Liturgie der Amsterdamer Studentengemeinde. Zuletzt bei Herder: „Ich steh vor dir. Meditationen, Gebete und Lieder" (2004).

Maria Otto, Dr. phil.; Redakteurin, Lektorin, Philosophin. Zuletzt bei Herder (zusammen mit Ludger Hohn-Morisch): „Das Lächeln Gottes. Gebete unserer Zeit“ (2004).

Karl Rahner, 1904–1984; Jesuit, Theologe, Konzilsberater. Im Verlag Herder erscheint die auf 32 Bände angelegte Gesamtausgabe „Karl Rahner – Sämtliche Werke“. In Neuausgaben: „Beten mit Karl Rahner. Bd. 1: Von der Not und dem Segen des Gebetes; Bd. 2: Gebete des Lebens“ (2004); „Worte gläubiger Erfahrung“ (2004); „Von der Unbegreiflichkeit Gottes. Erfahrungen eines katholischen Theologen“ (2004).

Carl Riedel, 1827–1888; Chordirigent, Komponist und Musikorganisator in Leipzig, von 1868 bis 1888 Leiter des „Allgemeinen Deutschen Musikvereins“.

Anton Rotzetter, geb. 1939; Dr. theol., Kapuzinerpater, Seminarleiter, Dozent; zahlreiche Publikationen. Zuletzt bei Herder: „Der Stern des Messias. Psalmbetrachtungen für die Advents- und Weihnachtszeit“ (2004); „Du Atem meines Lebens. Ausgewählte Gebete“ (2005).

Andrea Schwarz, Industriekauffrau und Sozialpädagogin, heute in der Seelsorge und als gefragte Referentin tätig; eine der meistgelesenen christlichen Autoren unserer Zeit. Zuletzt bei Herder: „Die Bibel verstehen in 25 Schritten. Ein Durchblick-Buch für Neugierige“ (2004); „Ich mag Gänseblümchen. Unaufdringliche Gedanken. Jubiläumsausgabe“ (^{25}2005); „Bleib dem Leben auf der Spur. Geschichten von unterwegs“ (2005).

Dorothee Sölle, 1929–2003; Theologin und Dichterin; 1975–1987 Professorin für Systematische Theologie in New York; Ehrenprofessorin der Universität Hamburg. Zuletzt bei Herder: „Wo die Liebe ist, da ist Gott“ (Buch mit Audio-CD, 2004); „Maria. Eine Begegnung mit der Muttergottes“ (2005).

Christa Spilling-Nöker, geb. in Hamburg, ev. Pfarrerin mit pädagogischer und tiefenpsychologischer Ausbildung. Zahlreiche Veröffentlichungen. Zuletzt bei Herder: „Vom Engel, der die Welt verwandeln wollte“ (2003); „Engel an deinem Weg. Mit Bildern von Marc Chagall“ (2004); (zusammen mit Margret Bernard-Kress) „Engel verkünden den Frieden. Der meditative Adventskalender“ (2005).

Siegbert Stehmann, 1912–1945; Theologe und Dichter, Mitglied der Bekennenden Kirche; 1944 wegen Wehrkraftzersetzung angeklagt, 1945 gefallen.

Pierre Stutz, geb. 1953; spiritueller Begleiter, Dichter und Autor viel beachteter Bücher. Zuletzt bei Herder: „Der Stimme des Herzens folgen. Jahreslesebuch" (2005).

Ludwig Thoma, 1867–1921; bekannter bayerischer Autor: Satiren, Bühnenstücke, Gedichte, Romane.

Christoph Bernhard Verspoel, 1743–1818; Verfasser eines der bedeutendsten westfälischen Kirchengesangbücher des 19. Jahrhunderts.

Joachim Wanke, geb. 1941; Dr. theol., seit 1981 Apostolischer Administrator, seit 1994 Bischof der katholischen Diözese Erfurt. Zuletzt bei Herder (zusammen mit Margot Käßmann): „Heute seine Stimme hören. Das Lukasevangelium als Jahresbegleiter" (2003); „Bei uns alle Tage. Das Matthäusevangelium als Jahresbegleiter" (2004); „Erfüllt ist die Zeit. Das Markusevangelium als Jahresbegleiter" (2005).

Für die Advents- und Weihnachtszeit

CHRISTA SPILLING-NÖKER / MARGRET BERNARD-KRESS
Engel verkünden den Frieden
Der meditative Adventskalender
56 Seiten, vierfarbiger Kalender zum Aufstellen und Aufhängen
ISBN 3-451-28496-0
Texte, Bilder und Gestaltung dieses neuartigen Adventskalenders für Erwachsene machen den Advent zu einer Zeit der Besinnung und der Hinführung auf das weihnachtliche Fest des Friedens.

HEINZ JOSEF ALGERMISSEN
Morgenstern in finst're Nacht
Ein Begleiter für die Advents- und Weihnachtszeit
96 Seiten, zweifarbig, mit Krippendarstellungen und Leseband
ISBN 3-451-28747-1
In besonders lesefreundlicher Schrift und wertvoller Gestaltung führen die Betrachtungen des Fuldaer Bischofs Heinz Josef Algermissen in sieben Kapiteln durch die Advents- und Weihnachtszeit über den Jahreswechsel bis zum Fest der Heiligen Drei Könige.

BENEDIKT XVI.
Der Segen der Weihnacht
Meditationen
128 Seiten, gebunden, vierfarbig, mit Abb. und Leseband
ISBN 3-451-28872-9
Joseph Ratzinger vermittelt einen sehr konkreten geistlichen Zugang zum Geschehen der Geburt Jesu. Das Geheimnis der Heiligen Nacht ist die Liebe, von der her alles seinen Ursprung nimmt.

LUDGER HOHN-MORISCH (HG.)
Die Nacht der Engel und der Hirten
Das Lesebuch für die Weihnachtszeit
224 Seiten, gebunden mit Abb. und Leseband
ISBN 3-451-28721-8
Die Geschichten, Gedichte und Legenden dieses literarischen Weihnachtsbuches sprechen für sich: mit Autoren wie Werner Bergengruen, Max Bolliger, Bert Brecht, Hermann Hesse, Selma Lagerlöf, Gertrud von Le Fort und vielen anderen.

Umschlagmotiv:
© Hubatka / mauritius images

www.herder.de
Satzgestaltung: SatzWeise, Föhren
Notensatz: SatzWeise, Föhren
Druck und Bindung: fgb · freiburger graphische betriebe
www.fgb.de

Gedruckt auf umweltfreundlichem,
chlorfrei gebleichtem, säurefreiem Papier
Printed in Germany

ISBN 3-451-28845-1